U0645925

1906—1908

RETURN TO
KHOTAN OASIS

重返
和田绿洲

西域游历丛书
04

土坯塘 ⋯⋯⋯⋯⋯⋯⋯
马骡等踩踏的小道 ⋯⋯⋯⋯
有坡度的路线 ⋯⋯⋯⋯

北

SIR AUREL STEIN

[英]奥雷尔·斯坦因 著

刘文锁 译

GUANGXI NORMAL UNIVERSITY PRESS
广西师范大学出版社
·桂林·

重返和田绿洲
CHONGFAN HETIAN LÜZHOU

图书在版编目（CIP）数据

重返和田绿洲 / （英）奥雷尔·斯坦因著；刘文锁
译. —2 版. —桂林：广西师范大学出版社，2020.4
（2024.12 重印）
（西域游历丛书）
ISBN 978-7-5598-2714-2

Ⅰ. ①重… Ⅱ. ①奥…②刘… Ⅲ. ①文化遗址－考
察－和田地区 Ⅳ. ①K878.04

中国版本图书馆 CIP 数据核字（2020）第 047846 号

广西师范大学出版社出版发行

（广西桂林市五里店路 9 号　邮政编码：541004）
（网址：http://www.bbtpress.com）
出版人：黄轩庄
全国新华书店经销
广西广大印务有限责任公司印刷
（桂林市临桂区秧塘工业园西城大道北侧广西师范大学出版社
　集团有限公司创意产业园内　邮政编码：541199）
开本：787 mm × 1 092 mm　1/32
印张：7.875　字数：175 千
2020 年 4 月第 2 版　2024 年 12 月第 3 次印刷
印数：10 001~12 000 册　定价：49.00 元

如发现印装质量问题，影响阅读，请与出版社发行部门联系调换。

出版说明

　　1900—1901年、1906—1908年、1913—1916年，英国人奥雷尔·斯坦因先后到我国新疆及河西地区进行考古探险，并先后出版了这三次考古报告：《古代和田——中国新疆考古发掘的详细报告》《西域考古图记》《亚洲腹地考古图记》。这三部著作是斯坦因的代表作，较全面地记述了我国新疆汉唐时期的遗迹和遗物，以及敦煌石窟宝藏与千佛洞佛教艺术，揭开了该地区古代文明面貌和中西文明交流融合的神秘面纱。此外，斯坦因还详细描述了深居亚洲腹地的中国新疆和河西地区的自然环境，以及山川、大漠、戈壁、雅丹、盐壳等地貌的种种奇妙景观。斯坦因的著作为人们打开了此前"未知世界"的大门，当时在国际上引起了巨大轰动，西方列强的学者们对此垂涎欲滴，纷至沓来，形形色色的探险家也紧随其后，蜂拥而至。

　　斯坦因的这三次考古探险活动，足迹遍布塔里木盆地、吐鲁番盆地和天山以北东部地区，所到之处，几乎盗掘了我国汉唐时期所有重要的古遗址和遗迹，对遗址和遗迹造成了严重破坏，所出文物也几乎被席卷一空，并运往英属印度和英国本土。此外，斯坦因在河西敦煌以及内蒙古额济纳旗黑城等地也进行了大肆的盗掘和劫掠，其中尤以对敦煌石窟宝藏的劫掠最为臭名昭著。可以说，在20世纪30年代之前，斯坦因是我国西部地区古遗址最大的盗掘者和破坏者，是劫掠中国古代文物的第一大盗。斯坦因的上述著作是西方列强侵犯我国主权的铁证，同时也为那段令国人屈辱的历史留下了真实的记录。因此，我们在阅读斯坦因上述著作时，一定要牢记惨痛历史，勿忘国耻。

斯坦因上述三次考古报告都是综合性的学术性专著。为了方便一般读者更多地了解斯坦因在我国塔里木盆地、吐鲁番盆地和天山以北东部以及河西敦煌等地区的发掘工作和搜集文物的情况，我们对上述三次考古报告原著做了一些技术性处理，即删除了一些专业性特别强的内容，将插图进行适当调整并重新编序等。

本册出自《西域考古图记》：1906年8月，斯坦因再次来到和田，寻找到了先前从未涉足的一系列古遗址，发掘和收集到了大量的珍贵文物，于阗故址的神秘面纱被一一揭开。

目　录

第一章

穿越斯瓦特和迪尔

第一节　库纳尔河与印度河之间的亚历山大遗迹

1904年夏，我的第二次中亚探险计划即已明确形成，并呈交给印度政府。我渴望从一条新的路线进入中国新疆地区。这条路线经由白沙瓦附近的印度控制区边境，从斯瓦特和迪尔的帕特汉部族领地进入吉德拉尔，由此穿过兴都库什山主脉，到达阿姆河上游谷地和阿富汗所属的帕米尔地区。这条路线对研究地理志和人种史的学者而言，具有强烈的吸引力，但也困难重重。其原因大多是政治上的，因为这条路线现在实际上已向欧洲旅行者关闭，但我仍有理由感到特别高兴：1906年新年前后，通过印度外事办公室，我得到了阿富汗国王哈比拉汗的恩准，可以穿过其领土的一部分（这部分土地自从帕米尔边界委员会实施管制以来，尚未有任何一个欧洲人访问过），我启程探险的时刻来到了。我的上司哈罗德·狄恩爵士、上校（他是西北边省专员）生前早已答允我，可以从他统率军队辖区的最西侧通过。

然而有趣的是，这条通往中国边境的路线，沿途可进行一系列的实地观察。我必须尽可能迅速通过。洛瓦里山口令人惊怖的障碍以及之后的大雪封锁，使人很难携带行装通过，因此直至1906年4月27日我才得以从白沙瓦启程。途中，我有最大的理由来预防任何可避免的耽搁——因为如果我不能赶在5月结束以前到达吉德拉尔河源头，融化的积雪就会阻断全部交通；而我就要冒险去马斯图吉以上寻找可以通行的上游狭小峡谷，只有它可以通到巴罗吉尔的阿姆河分水岭。我的行程之疾，足可以用月行路程来描述：在一个月时间里，我从白沙瓦边界兼程赶到了中国边境，其路程总计达450英里。其中大部分行程是在险恶的山地小径中度过，而且还伴随一个出人意料的大雪季节。

显然，在这种旅行条件下，我被迫限制我在沿途所能做（如果可能的话）的古物和人种学考察。然而，我不必犹豫即可开展我经行地区的细致的考古学工作。因为除了一个刚刚对欧洲研究者部分敞开门户地区的内在兴趣，还有一个事实是，我们关于中亚的历史知识大部分皆来自汉文史料，而且所有关于中亚古代的基本事实也来源于汉文史料。

我的旅行不仅将把我带到一个遥远的地方，同时也将把我带到一个遥远的古代。因此，选择与古代充满联系的斯瓦特河谷（图1）

图1　经斯瓦特河谷自马拉根德古堡东北望

作为我的第一站是非常合适的。在《梨俱吠陀》和《摩诃婆罗多》中，发现有"苏瓦史图"河一名，其主要河流的流域，逐渐演变出今天的名称。在麦加斯梯尼《印度志》以及托勒密《地理志》中，这一名称也曾出现过，而且几无变化。自《摩诃婆罗多》以来，乌仗那的古梵语名称常在典籍中被提及。通行的口头流传下来的教义将很多有关佛陀生活的传说定位在斯瓦特河谷地，如同在其近邻犍陀罗一样，这种传说更常出现在北传佛教文学中。但由于地理或历史资料总体缺乏，在此已没有必要讨论与古代地理有关的问题。

关于这个地区的信息，很少有更明确一点的，它们来自国外关于亚历山大远征印度的最早记载中。从地理环境上看，马其顿远征军确实是翻越了喀布尔河北部的山地，进入斯瓦特河及其主要谷地——对此阿里安及库尔提乌斯都详细记载过。但是上述两位历史学家以及其他史籍中的概括性记载，在涉及那些能帮助我们了解亚历山大的活动情况，以及政治、经济状况的资料时却显得很模糊。甚至像围攻马萨加或攻占著名的奥诺斯堡垒这一类事件，其遗址地望情况也非常不明确。

现存的有关亚历山大印度远征军的记载，受到如此频繁和详细的讨论，以至于在此已毋庸赘言那些事件及不同评注家提出的各种观点。我只需提及少数几个对我来说已完全确定的地点即已足够，这些地点亦引起了考古学家们的兴趣。对任何一个熟稔喀布尔河北部谷地两侧山地的现代地理者，都很明显地就可以推测出：亚历山大在从喀布尔河上游到印度河的进军途中，对当地部落和城镇所采取的行动，对那里的主要田地必定造成了致命的打击；而那些田地从结构与肥沃程度上来看，足以养活数量相对庞大的人口。对一个渴望确保其自喀布尔至印度进军路线左翼安全的征服者而言，这些行动无疑具有重要意义。现在，这些地方中有四处尤为引人注意，它们是：库纳尔河或吉德拉尔河下游谷地，其范围自贾拉拉巴德一带至阿斯马尔；以巴焦尔著称的肥沃谷地；中间向外开放的斯瓦特河谷地主要部分，介于门格劳尔与多德甘之间；最后是布内尔河谷中部地区。

正是在这些地方的最西部分，即库纳尔河下游，我们可以确定亚历山大开始其山地战役的活动地点。这种战役是针对那些各种各样被称作"霍埃斯之河"的河边城镇开展的，也用以攻击阿斯帕西亚人的那些山地部落。在翻过山地之后，接下来他入侵的地方很可能是巴焦尔。至于亚历山大在进攻阿萨凯诺伊国之前通过的古雷奥斯河或班杰戈拉河，则早已被确定。关于阿萨凯诺伊，这个令人生畏的国家的位置已很清楚，它包括现在的斯瓦特，还可能包括毗邻的布内尔——因为为征服所必须采取的行动，自古雷奥斯或班杰戈拉一直延伸到印度河。阿里安给出了几个大城镇的详细情况，正是在这些城镇中，人们最先组织起防卫。但是由于缺乏明确的地志或考古线索，看起来我们目前尚不能去冒险猜测这些城镇的地望：马萨加、巴支喇、倭拉，或许还有奥诺斯的石堡。

幸运的是，在缺乏历史记载之处，地理学可以为我们提供至少一个重要地点的向导。熟悉这些地方的人都相信，古代也像现在这样，连接巴焦尔和斯瓦特的直接路线中的唯一的要道，必定是自班杰戈拉翻过易行的喀特戛拉山口，下至现在的杰格德拉戍堡守卫的战略要道——斯瓦特河通道。由此，1906年4月28日，我从杰格德拉出发，经乌奇和喀特戛拉，沿着开放的塔拉什河谷直至班杰戈拉的莎都，开始我的第一次旅行时，我都能感到甚或有把握确信，我所走的这条军事通道，在22个世纪以前，曾目睹马其顿远征军以相反的方向经过这里。

通过杰格德拉的斯瓦特河谷的路具有特别的重要性，因为正是在其对面，河水流入冲积平原，形成两条很常用的道路，通过沙阿果德和查拉特山口，横贯将斯瓦特和白沙瓦河谷隔开的山脉。这些古老的道路可以由沿途分布的大量古迹来证明——毫无疑问，这些古迹都是伊斯兰时期以前的，它们渐渐把人引到了山口。这些道路当然最为便捷，直至经过马拉干的现代战略公路修成时为止；它们也是从斯瓦特到犍陀罗平原最便易的通道。但是，从现存的有效资料中，人们仍不能确定亚历山大在进攻奥诺斯之前是否由此下行，使用了其中一条通道；或者更确切地说，他选择了一条经布内尔通往东南地方的路。

关于亚历山大山地行军通过地区的人种史状况，马其顿的入侵者曾将其居民归入印度人类型，现在尚不能确定。这与我们从后来的文字和碑铭记载中获知的关于印度文明及宗教（该宗教曾流行于伊斯兰教传入之前的喀布尔河谷地）的特征相一致。至于当代居民的种族特征，现在很少有把握发表任何意见。这表明我们关于那个山地人群——他们不属于最后的入侵者帕特汉人——主体的人种学知识非常有限。但是，关于其语言上的姻亲关系我们却较有把握。最近的研究主要应归功于乔治·格里尔森爵士。他指出，目前在兴都库什山南部河谷中，从克什米尔北部的达德地方到卡菲尔斯坦，属于雅里安语中独特的一支，既不源于印度语，也不源于伊朗语。在帕特汉人入侵以前时期，该语支所覆盖的地区，很有可能一直伸展到印度西北边区以南的地方。有趣的是，亚历山大的历史家们记载下来的主要部族名称曾显示出一种语音学上的差异，而此种差异却是该语支的特征，亦是其可以早到亚历山大远征时期之明证。无论是"阿斯帕士奥伊"还是"阿萨凯诺伊"的名称，毫无疑问都与梵语"阿湿摩伽"有关，该名称被巂日用来指称印度西北地区的部族。此种 śm>sm>sp>ss>s 的转化非常典型，可以上溯到阿育王的犍陀罗碑铭语言中去。乔治·格里尔森爵士曾证实，该语言受到过他所称的"现代派萨西语"的极大影响。

第二节　乌仗那地方的早期香客

现存涉及印度西北边疆史漫长而令人疑惑时期的史籍中，尚未有明确涉及乌仗那的记载。在那个时期，喀布尔河谷地连同周围地区经历了自亚历山大的直接继承者——来自巴克特里亚的希腊国王们的大帝国治下，以及源于斯基泰或安息的短命王朝，直至最后变为由大月氏人中的一支贵霜人或印度—斯基泰人建立的强大王国的主要领土。人们有理由相信，斯瓦特河谷像犍陀罗一样保存下来的大量佛教遗迹（其中有很多希腊化佛教艺术品）的时代，可上溯到公元初几个世纪，当时在贵霜统治的地方，佛教曾盛极一时。然而在考古发现中，却没有反映当时曾盛行于乌仗那的佛教的特别情况方面的资料。

正是在贵霜统治末期，我们第一次得到了有关乌仗那的信息。这一信息是关于古代印度西北地区地理志的最可信资料，来自一位古代中国西行取经的佛教徒。根据《佛国纪》的记载，公元403年前后，他到达了乌苌国，走的是帕米尔一侧的路线。法显及其随行者所走的路线确实引人关注。幸运的是，由于沙畹先生后来对"竭叉"令人信服的考证，所有关于法显出发地点的问题都迎刃而解了。"从此西行向北天竺，在道一月，得度葱岭。葱岭冬夏有雪……"之后法显指出了旅行者在此所遭遇到的危险："又有毒龙，若失其意，则吐毒风、雨雪，飞沙砾石……"法显告诉我们："彼土人即名为雪山也。度岭已，到北天竺，始入其境，有一小国名陀历，亦有众僧，皆小乘学。"

毫无疑问，旅行者们的路线经过了帕米尔，中国自汉朝以来即将该地称为"葱岭"。同样可以肯定的是，此处法显所提及的"陀历"与玄奘所说的"达丽罗川"为同一地。孔宁汉早就推定其为今之达丽尔，位于印度河右岸，奇拉斯的对面。陀历与达丽罗的确定，是根据这两名西行者在其行纪中，都明确提到该地崇拜一尊木雕的弥勒佛像。汉语中的"达丽罗"，当是"达丽尔"一名的准确转译。

在玄奘关于乌仗那首都瞢揭厘（相当于现今斯瓦特河畔的门格劳尔）以后路线的描述中，也准确地指出了这条山径。"瞢揭厘城东北逾山越谷，逆上信度河。途路危险，山谷杳冥，或履缅索，或牵铁锁。栈道虚临，飞梁危构，椽杙蹑蹬，行千余里，至达丽罗川，即乌仗那国旧都也。"跨边界调查报告表明，此路线是从斯瓦特河上游首府之门格劳尔，东北行翻越古尔班德和根达的山地至印度河，然后再沿其曲折、狭窄的山口到达达丽尔。这条经过以印度河之科希斯坦所称的路线从未被专门调查过，其部族领地对欧洲人完全关闭。然而，通过当地来源所获得的信息表明，玄奘以及法显所详细描述的情况是这条路自然存在的巨大困难所致。玄奘对旅途里程所做的估算与有效的地图上的里程相一致。

尽管达丽尔本身仍不对欧洲人开放，但从当地渠道所获信息可以了解到，"该河谷极其肥沃和易于殖民"。居住在那里的操史那语的山民公社，有3 000多名士兵。和印度河科希斯坦其他地区的状况一样，该地直至最近以来仍保持着一种小共和国的形式，但是在古代它即与那些控制着亚辛和番亚尔的头领保持着密切的联系。在地形学方面也有同样的证据能够解释这些联系，这些证据表明了法显可能走过的自帕米尔至达丽尔的路线。在戛库契与吉泽尔之间，有若干相对易行的山道将达丽尔北部与吉尔吉特河上游联系在了一起。这些翻越道达戛里山口的通道中最短且便捷的是自亚辛河口直抵古比斯的路，而且它仍是目前联系印度河流域与帕米尔高原的主要路线，人们一旦置身于此，就如同一下子回到古代。

这条自亚辛河谷至德尔果德山口，并由巴罗吉尔鞍形山部翻越兴都库什山主脉到达阿姆河上的萨尔哈德的道路，曾于公元747年唐朝将军高仙芝率军翻越帕米尔到达吉尔吉特的成功远征时被使用过。

《佛国纪》中有一些文字可以明确支持这种猜测，即他和他的同伴曾经行此路，自竭叉或喀什噶尔出发，"得度葱岭"，即"达达丽尔"，"在道一月"。我个人沿着那条古代贸易路——自喀什噶尔过塔格都木巴什的帕米尔至萨尔哈德，再经巴罗吉尔和德尔果德山口到达亚辛河源头——全程旅行之后，我可以确证的是，正如当地旅行条件所表明的那样，此次旅行共包括24个或25个普通段落或站，而其旅行条件自古以来都没有任何物质上的变化。除此之外，尚需在德尔果德和曼奇亚尔之间增加五站里程，这样我们才能走完法显所述路线的全部。这一点尤为引人注目，因为在法显行程的两端之间没有第二条同样短或实际的路线。

从达丽尔起，法显沿着狭窄的印度河谷的崎岖小道前往乌仗那。《佛国纪》中所作的描述与现在这些峡谷的状况相比，既写实又协调一致：

顺岭西南行十五日，其道艰阻，崖岸险绝。其山惟石，壁立千仞，临之目眩，欲进则投足无所。下有水，名新头河。昔人有凿石通路施傍梯者，凡度七百，度梯已，蹑悬絙过河，河两岸相去减八十步……渡河便到乌苌国。乌苌国是正北天竺也……

虽然达丽尔以下印度河部分尚未被一个欧洲人访问过，但可以肯定的是，由于大河南流，山脉横隔阻断通道及其所形成的一连串深谷大壑形成的障碍，与旅行者在介于奇拉斯与司喀多之间的印度河谷大部分路途中所面对的困难一样大。因此，我们很容易理解香客们所指的梯，实则指那种狭窄的岩壁可用来作路径，或者是那种桦树枝做的绳桥，自河此岸搭到河彼岸。法显特别提及他在抵达乌仗那境内之前所经过的绳桥。这表明沿印度河的路径，自达丽尔下方至左岸，而且直至米拉巴德方重新返回右岸，此地距属于斯瓦特的根达河谷一侧以上约8英里。

法显对乌仗那的总体描述很简要，但真实反映出了当他访问时佛教在当地的繁荣境况。"（其民）尽作中天竺语"中之"中天竺"，我们也许应称作"中国"为好（《佛国纪》记"中天竺所谓中国"——译者）。俗人衣服饮食亦与中国同。在乌苌，佛法甚盛，人们称众僧住址处曰"僧伽蓝"，凡此计有五百僧伽蓝；而僧侣所修习者皆小乘学。法显提及的几个圣址，在玄奘有关乌仗那的记载中亦被提及。由于斯瓦特河谷境内大部分地区仍未曾做过考古学调查，所以我一直没有机会对其地望情况做系统的整理。为此，像在玄奘记载中提到的情况那样，我将满足于仅仅提及那些已经有可靠证据确证的遗址。

幸运的是，关于法显提到的最初的圣迹一事，佛陀曾来到乌仗那："佛遗足迹于此，迹或长或短，在人心念。"玄奘亦提及："水北岸大磐石上有如来足所履迹，随人福力，量有短长。"他将此地定位在斯瓦特河北岸，阿波逻罗龙泉西南30余里，该泉据说是斯瓦特河水源。佛迹在瞢揭厘或门格劳尔东北约250里。后一种情况清楚地指出了现今格拉姆附近斯瓦特河的源头，而且还可以确认的是，所谓佛迹即是斯瓦特科希斯坦边界处一个叫蒂勒特的村子附近刻有字的石头。它显示的是两只大鞋，其下是一行简要的佉卢文题记，使用的是公元前1世纪时的字体，指称此即佛祖释迦牟尼的足迹。1897年狄恩上校曾对该题记做过拓片，随后由布赫勒教授做了校订。蒂勒特的位置与格拉姆有关，从勘察中得知，它与玄奘描述的情况极其接近。正是在此地附近，极可能正是"如来濯衣石"之处，因为玄奘述其址为自佛迹所在"顺流而下三十余里，至如来濯衣石，袈裟之文焕焉如镂"。

自乌苌国起，《佛国记》告诉我们，法显及其随行者"坐讫，南下，到宿呵多国"。"宿呵多"一名是斯瓦特的较古老形式，很久以前即受到猜测。这可由以下事实佐证：法显在此提及的唯一佛迹——此乃佛前生中，菩萨为了拯救一只被鹰追赶的鸽子，愿意"割肉贸鸽"——被玄奘定位在门格劳尔西南的山中。在玄奘《大唐西域记》中对地形的准确描述指导下，以及1898年1月我随行布内尔野战军时所做的快速考古调查，我得以确证位于吉拉莱村附近的一处有一个大佛塔遗迹的遗址。该村地处布内尔最西端，在与斯瓦特河的分水岭的山脚下。布内尔在佛教时期曾是乌仗那的一部分，这一点可由宋云和玄奘所记载过的乌仗那南部的一系列佛迹来证明，我亦曾在布内尔循迹调查过。为什么法显要用一个独立的名称"宿呵多"来指称布内尔以示区别呢？这个问题看来不可能有答案了。

有关乌仗那更为详尽的记述，来自宋云和惠生。公元518年，他们受北魏王朝胡太后派遣，前往印度西北地区。关于他们自和田至萨里库勒的旅程，我已在其他地方探讨过。公元519年早秋时节，他们启程翻越帕米尔前往瓦罕以及位于现今巴达克山中之嚈哒国在那里稍作停留之后，正如《宋云行纪》和《魏书》所告诉我们的，这些朝圣者通过波斯境内的一条小山路，进入了赊弥国内。他们逐渐出现在葱岭山区，然后到达位于赊弥以南的乌仗那。在《古代和田》一书中，我已经借机提到了赊弥国。在《唐书》中，也有一段记载提到了它，云其西境和南境毗邻竭师或吉德拉尔，与兴都库什大雪山南部自中世纪以来即被泛称作"卡菲尔斯坦"的谷地有关。我相信宋云及其同伴所走的路线，是经过卡菲尔斯坦最东部的一个河谷，下行至库纳尔河，再由此穿过迪尔（或巴焦尔）进入斯瓦特谷地。但是，由于获得了其他一些信息以及其他原因，我很有必要在此更详尽地追寻僧侣们的道路。

从《宋云行纪》中我们知道，他在离开嚈哒国王的驻地之后（约公元519年11月），进入波斯境内。嚈哒王的驻地，可能在法扎巴德邻近或更靠下的地方。其地很有限，穿行只需七日。住在那里的山民们，只有极稀少的资源，性情恶劣蛮横，不尊重其国王。该国有一条溪流，原先很浅，之后由于山体滑坡阻断水流，将其变成了两个湖泊。有一条毒龙住在湖中，制造了很多灾异事件。夏季它带来大暴雨，冬季则是积雪，行人由此遭遇到诸多艰难。此地的雪闪着白芒，照得人睁不开眼睛。在这样糟糕的视野里，行人什么也分辨不出来。为此他们祭祀了龙王，然后一切才平复下来。

在《北史》中，惠生的注记也提供了关于该地风物的相同记载。它被称作"波知"，位于钵和或瓦罕西南。马迦特教授据此定位，考证波斯或波知即介于泽巴克和兴都库什山趋向吉德拉尔的分水岭之间的辽阔地区。而对宋云及其随行者经行路线的检查，证明此种考证是正确的。因为对那些来自巴达克山并希望到达斯瓦特的行人来说，最便捷可能也是最容易通过兴都库什山的道路，就是从泽巴克以南渐进入桑里奇河谷。从泽巴克河源头有两个重要的山口可以翻过兴都库什山分水岭：一个是多拉赫山口，海拔14 800英尺，可通到卢特阔河谷，下至吉德拉尔首府，这个山口常被商队频繁使用。另一个是曼达尔山口，海拔15 300英尺，东北距多拉赫山口直线6英里，由这个山口可通到卡菲尔斯坦最东部主要河谷的巴什郭勒。自北面两个山口下来的路径，在豪兹·伊·多拉赫或杜斐林湖处相汇合。杜斐林湖是一处湖泊，长近2英里，宽0.5英里，其两头是悬崖峭壁，仅在东侧有一条狭窄的通道。从此再向泽巴克方向走约1.5英里，路边还有第二个更小的湖泊。

宋云所记有毒龙传说的双湖，可以被认作是确实的。原因是我被准许进行商讨的可靠信息大量地显示出，在从喀廷札到喀马尔比达（该地区可能与宋云经行路线有关）的兴都库什山任何其他山口北侧，均未发现有这种双湖存在。那种朝圣者们曾循泽巴克道路至杜斐林湖的结论，也被他指出的在波知的七程行程所证实。因为在今天自多拉赫至海拉巴德（此地是包括泽巴克和桑里奇在内的瓦独吉河的终点）的路程，也正好总计共七站。

从杜斐林湖起，如前文所述，有两条道路向朝圣者开放。我们感到清楚的是，他们选择的是曼达尔山口通道而非多拉赫，这可以由其随后行程记载的细节上得到证实。11月下半月，他们进入了赊弥国，在那里，他们翻过了葱岭山脉。赊弥国土地贫瘠，人民穷苦。其道路险峻狭窄，仅可容一人一骑通行，异常艰难。在惠生的注记中，除了提到赊弥国在波知国以南，他还说该国人民并不信仰佛法，而是崇仰各种神祇。《唐书》中有一段记载说赊弥在竭师或吉德拉尔以西和以南。这段记载与吉德拉尔的相对位置和卡菲尔的属地准确一致，甚至在最近一个时期内，它们曾到达阿纳瓦依附近的库纳尔河两侧。从地图上还可以清楚地看出，正是巴什郭勒河谷地连同其众多的大型聚落（图2），占据了波知以南或泽巴克—瓦独吉河谷的位置，而其东部或东南部分则是吉德拉尔。置身于吉德拉尔那些高峻荒芜的山坡上，行人很难相信自己刚从葱岭过来。而那些描述，更适合更加宽敞、肥沃的卡菲尔斯坦谷地。最后，是关于不存在佛教信仰的声明并不适合吉德拉尔，此地保存下来的遗迹表明了在宋云时代前后佛教信仰的存在。另一方面，在卡菲尔斯坦谷地所谓的各种神祇崇拜一直持续到今天，没有一丝佛教曾存在于此的痕迹。

尽管翻越曼达尔山口的路未被系统地调查过，但有值得相信

图2　在吉德拉尔做过人体测量的巴什郭勒卡菲尔人

的信息指出，对于负载货物的牲畜来说，可能在很像多拉赫山口那样的情况下，这条路在夏秋季节是宜于通行的。自从阿富汗占领卡菲尔斯坦以来，一条规则的商贸路线实际上已开放到巴什郭勒河谷的源头，并通达山口一带。在此之前即曾有大量的商旅从巴达克山一侧寻路至此。

为复原早时期状况，在此很值得追述一下马可·波罗旅行记中的路线。在他的游记中，蒙古团伙的首领尼古达与一大帮骑手，残忍的、毫无顾忌的家伙一道，从巴达克山通过一个叫作"帕塞迪尔"的行省，之后又通过另一个叫作"阿里奥拉凯什木尔"的行省到达印度。上述这条线路必定通到了巴什郭勒河谷一带。显然，"帕塞"一名是指卡菲尔，这个部落名称一直保存到今天；而"迪尔"则指此次著名入侵所发生的方位。而在《马可·波罗游记》中，据加在"凯什木尔"或"克什米尔"前的名称可以推测出，后面更远的路程必是经过斯瓦特。至于难解的阿里奥拉，我以为可以理解为现在的阿格罗尔，这是一处位于赫扎拉边界的著名山区，从印度河左岸面对着布内尔。从这些地区的任何一幅精密地图上都很容易看出，对一支游动的骑兵部队来说，要从巴达克山到克什米尔强行军，选择经由巴什郭勒河谷、迪尔、塔拉什、斯瓦特、布内尔、阿格罗尔并抵达杰赫勒姆河谷这样一条路线，即使在今天来说也是最便捷、最实际的入侵路线。

在《宋云行纪》中，也提及乌苌或乌仗那的一条二者择一的路线。该路经过钵卢勒，宋云描述了沿途的艰难险阻：铁索作桥，高悬空中，可作通道；下临深渊，深不见底，两侧无物可作扶持；若有闪失，行者肉躯将跌入万丈深渊。在这种情况下，宋云和惠生意识到这些地区的状况，避开了这条路。《北史》中也提及此路，将它放在了东面不同的方位，但所记更简略。这一事实，连同宋云所述的"钵卢勒"与玄奘所述的"钵露罗"在发音上的接近，也证实了这条路经过亚辛和达丽尔，直达印度河峡谷。此外，正如我们所知道的，它还证明了法显所经行的也正是此路。

公元519年，宋云花了一整个冬天，还有次年春季的一部分时间在乌苌。他用大量热情洋溢的文字来描述这个国家。他发现，在那里佛教依然高度繁荣。他记载道，该国北接葱岭，南连天竺（印度），气候暖和宜人，人民众多，物产丰饶。当地遵从一种敬老的风俗，国王置自身于对佛法的严格遵守，虔诚事佛，素食禁欲，昼夜礼佛。宋云还详细记载了国王的虔诚愿望，愿来世再生于天国之中。

乌苌国的人民如有犯死罪者，并不立即执行死刑，而是被解送到荒山中，在那里他们凭自己的造化来维持生命。当遇到可疑情况时，则靠一种服用药物的神裁法来裁决。其土地被描述为肥沃丰饶，人民众多，物产殷富，五谷丰登，百果繁熟。在夜晚，寺庙里的钟声响彻全国。有大量美丽的花朵，从冬天到夏天一直盛开着。僧人和信徒们采摘这种花朵，敬献佛祖。

自乌苌以下是乾陀罗国，这是朝圣者们西行取经的主要目的地，大部分重要佛迹皆在他们的这段行程中被提及。但是，尽管有很多详细记载，准确的地理方面的信息却很少。更有甚者，在保存下来的宋云和玄奘的行纪中尚有某些混乱。上述佛迹的位置，只有在参照玄奘的更加系统和精确的记载之后，才有可能确定。因此，我应该限制自己，只简要指明一下那些目前我认为能够确定的遗址即可。

在离开"城"(此应即玄奘所指的"瞢揭厘",即门格劳尔)之后,取经者们——如法显等辈引导着我们到了佛陀晾衣遗迹之处——那是一块石头,此外还有佛陀留下神奇足迹的岩石。前者的遗址在河东面,后者则位于王城以北80里(据另一种读法是18里)。此里程明显比玄奘所记载的要少,而蒂勒特的岩刻也证实了这一点。在此两处遗址之间,他们还提到了一个湖,在河以西,因据传是一个能制造奇迹的龙王居处而受人膜拜。此应即著名的"阿波逻罗龙泉",该"龙王"可能是乌仗那的保护神。玄奘曾详细提到龙泉的传说,认为与斯瓦特河的源泉有关。城北有一座名为"陀罗"的大寺院,取经者把它描述成具有重大意义的场所,也是王室特别关注的地方。此处遗址,也许可以到大量存在的、据说是与瞢揭厘(门格劳尔)有关的遗址中去寻找。

王城向南的路线中被记述的佛迹,有佛陀前生曾剥自己的皮做纸、折自己的骨为笔以书写经典之处。据《宋云行纪》记载,该遗址在瞢揭厘以南百里,它亦被玄奘提及,并为之冠以"摩愉伽蓝"一名,意为"扁豆寺"。据我考证,其遗址当即突尔萨克一带的古木巴特废墟。突尔萨克是布内尔的首府。最后,关于山上的佛迹还有一段富于激情的记载。此地距王城东南八日行程,佛陀前生曾在此舍身饲虎。关于这个著名的遗址,玄奘在从印度河东部的呾叉始罗返回时曾访问了它,而法显在行纪"四大塔"中亦有提及。据我考证,这个遗址应为班吉山发现的废墟,位置靠近自玛哈班东南向印度河伸展的崎岖支脉的末端。这个著名庙宇占据了分水岭以南一个孤立的位置，该分水岭将古代乌仗那（包括布内尔）与犍陀罗分隔开来。这一情况可以用来解释，玄奘和法显为什么都没把该佛寺与乌仗那相提并论，而是与呾叉始罗地方相关联，原因是后者正隔着印度河与寺庙相对。

第三节　唐代文献中的乌仗那

公元7世纪，随着唐王朝的建立，唐朝向西方的扩张变得加剧起来，这可以从保存下来的这一时期有关西域及印度的中国史书的显著增加上反映出来。此中关于乌仗那的信息资料，主要来自玄奘对乌仗那的详细记载，他大约在公元630年前后访问了这个地方。此处像他足迹所及的其他广大地区一样，这位虔诚的香客的注意力，被如此紧密地固定在一些诸如神圣的传统和教义之类的事中，而这些传统与教义却排斥更具世界性的价值。例如他没有提到乌仗那国是否是迦毕试或喀布尔的统治者所统治的十二个相关联的国家中的一个，或者是否如《唐书》中所记载的那样，在公元642年它有一个自己的国王。像在犍陀罗一样，玄奘发现此地的佛教，已比较早时候的香客所描述的繁荣状况衰落了。然而此地传统的荣耀仍是巨大的，玄奘为此不惜笔墨，对该国的整体情况作了描述，令人很感兴趣。

玄奘从印度河上的乌铎迦汉荼城出发，北上前往乌仗那，在途行程六日，经过一些山地和河谷之后到达那里。他把乌仗那描述成一个方圆5 000多里的国度，山地和河谷相连，沼泽平原与高地相间。这些记载准确地反映了斯瓦特地区的构造状况。土地的物产虽然多样但并不富足。那里有很多葡萄和少量甘蔗。该国产金、铁和藏红花，林木葱郁，花果茂盛，冷暖适宜，寒暑和畅，风调雨顺；人的性格软弱怯懦，但趋于诡诈狡猾。他们喜爱学习，但并不用功。钻研魔术程式成了他们的一种艺术和职业。他们大多穿白布衣服，其所说的语言尽管有一些区别，但大致上与印度相同。此外在书写文字以及礼仪方面，也与印度大抵相同，颇可相参照。

　　关于体质特征方面的描述，与该国的实际情况非常一致。所说的人的特征，部分可由下述原因来解释，即在东方种族中曾广泛实行的稻作栽培，其影响在此变得衰弱下来。人们相信，作为相对后到的移民者的现代帕特汉人，他们也正在经历着这种影响。乌仗那享有的魔术的名声，在宋云听到的一个传说中有反映。宋云在萨里库勒时听说，有一个国王，为了战胜那里的一条恶龙，动身去了乌仗那。在那里学了四年婆罗门魔咒之后回国，成功地驱逐了那条恶龙。此种魔术仪式的实践，必与那些地区特别流行的大乘佛教有关。由是，亨利·尤尔爵士的观点是："释迦的教义，正如在乌仗那古时候所流行的那样，很可能强烈地感染上了湿婆教的魔法的色彩。藏族人始终把那种本地性认作是巫术和符咒术的古典土壤。"

玄奘继续给我们提供的信息显示，佛教尽管依然是绝对占统治地位的崇拜形式，但已经开始衰落了。人们尊敬佛法，虔诚地信仰大乘教义，沿着苏婆窣堵河或斯瓦特河，曾一度有1 400座寺院，但现在已大多成了废墟。昔日曾有18 000名僧徒，其数量现在也已大幅减少。所有这些出家人皆修习大乘教义，并致力于练习冥想，他们喜欢诵读经书，却不能究明其义。在个人行为方面，他们按照规则来要求自己，而且特别致力于研习禁咒。玄奘随后列举了五部"律仪传训"，但令人奇怪的是，这五部"律仪传训"皆属小乘佛教。他又补充道，还有大约十所天神祠庙，内中杂居着各种教派信徒——此为印度宗教信仰的真实写照。

　　按照玄奘的记载，乌仗那国中有四座或五座强大的城市，其大部分国王皆以瞢揭厘作为首都。瞢揭厘城周长十六七里，人口殷盛。关于瞢揭厘即今之门格劳尔之说，最初由德·圣马丁提出，门格劳尔一带优越的自然环境以及大量遗存的废墟，也为这一说法提供了强有力的证据。玄奘以瞢揭厘城为参照点，在《大唐西域记》中详细描述了各个佛迹的方位。根据这些记载所做的考古学调查，可以相对容易地找到那些遗迹，这使得上述考证变得很可信赖起来。但不幸的是，唯一一次使欧洲人进入门格劳尔及其邻近地区的机会，是快速讨伐上斯瓦特河部族1897年的大起义。众所周知，此种机会并不能用来做考古学工作。因此，玄奘《大唐西域记》中所记载的位于瞢揭厘城西南、西以及东北方向上的各种窣堵波，至今尚不能做任何的确定。然而据信是乌仗那早期国王上军王修建的用来供奉佛陀身体的窣堵波，看似可能即斯瓦特河左岸巴里果德一带的大废墟堆，因为它的距离与方位正好与玄奘记载的相同，即瞢揭厘城西南六七十里处。

关于阿波逻罗龙泉前面已经讨论过，玄奘曾详细谈及一个传说，说它是斯瓦特河的源泉。对它的考证结果显示，尽管自调查地区算起，距离比玄奘记载的更远，然其地域范围比较可靠。与龙泉遗址的确定一道，那些被人顶礼膜拜的佛迹——如来足所履迹及濯衣石迹的准确位置，当在斯瓦特河以下更远处。

玄奘南行时所经行的那些佛迹，由于我在1898年随布内尔野战军旅行时所做的快速的考古学调查，而变得有可能被确定下来。我已指出，瞢揭厘城南二百里处的摩诃伐那伽蓝就是布内尔苏尼格鲁姆一带的宾吉柯台废墟。关于摩诃伐那伽蓝，玄奘曾记载道，昔佛陀前生菩萨行时，曾绑缚自己，送到其敌对国王处，希望能获得赏财，惠施予向他乞讨的一个贫穷的婆罗门。有了这个已确定的地点，以及《大唐西域记》中精确的方位和里程的指导，我亦有可能探寻到玄奘记述的诸多遗迹。如摩愉伽蓝或称扁豆寺，以及如来昔修菩萨行时舍身贸鸽的窣堵波，二址分别在突尔萨克附近的古木巴特和吉拉莱，亦分别被宋云和法显提及。富歇先生所作的极诱人的考证，即《大唐西域记》所述的醯罗山（实即今之伊拉姆山），是将斯瓦特河与布内尔分隔开来的最为显眼的山峰，如果这一点能够被接受，那么布内尔的这一组遗址，又可增加四分之一。玄奘对于此山的记述——他指出此山位于瞢揭厘城以南——连同山名本身，与考订的地点都非常一致。但有一个问题，即通行版本《大唐西域记》中记述此山在瞢揭厘城南"四百余里"，而富歇先生则推定应为一百里。看来，需到有可能亲访伊拉姆山并验证其距离时方可作出定论；或者还需验证玄奘提及的那些方形的石头："方石如榻，宛若工成，连延相属，接布崖谷。"今天人们对此山的迷信崇拜，反映了玄奘所提到的一个传说，即关于山中的神秘的声音和歌曲声，佛陀在此"为闻半颂之法，于此舍身命焉"。

从为佛陀舍身贸鸽处修建佛塔之地出发，向西北行二百余里，玄奘到了一处被他称作"珊尼罗阇川"的河谷，这里有一组佛教遗迹。它们与吉拉莱之间的距离和方位，验证了狄恩上校的考证，他将珊尼罗阇川比定在杰格德拉流进来的阿丁塞河谷。沿该河下游部分，有几个地方尚存佛教寺院遗址。这使得现在要准确确定所谓"蛇药"僧伽蓝及其附近的大窣堵波苏摩的位置，变得愈加困难起来。这两处佛迹据信是建在昔日佛陀为帝释时，把自己的身体变成大蟒成为蛇药，让患饥馑和疾疫的人割食其身体以疗饥疗疾之处。萨帕尔和安旦德里那些颓败的土墩，狄恩上校曾认为它们就是上述那些建筑的遗迹。它们紧靠着到巴焦尔的路，以及现在通往吉德拉尔的军用道路向西急剧转向通往喀特戛拉山口的拐弯处。1896年底，我访问了那些遗址之后才查明所谓的"苏摩"一名在当地并不知晓。1906年我快速经过这里时，我没有时间来做发掘，否则就能够有助于解决诸如遗迹的性质之类的问题了。

在河谷北部靠近一处悬崖一侧，《大唐西域记》中提到一座在一处能治病的泉水旁的窣堵波。人们相信，在那里佛陀前生为孔雀王时，曾用其喙啄开山崖，使涌泉流出。狄恩上校认为，在古达伊喀瓦尔村的这处遗址，其位置高悬在喇莱姆山的陡峭的斜坡上，北距杰格德拉数十英里，那里的一处泉水近期在相当显著的环境下，重新涌出了泉水。1897年底我对此地的探访，使我倾向于接受上述这种观点。尽管我在这些地方未发现一处佛塔遗迹，也未发现为那些虔诚的佛教徒在岩石上所惯常看到的孔雀的足迹。

玄奘的游记中引人注意的佛迹，是位于一座被称为"蓝勃卢山"上的龙池。有一个传说非常详尽地讲述了一个被放逐的释迦族人，他娶了龙王的女儿，成了乌仗那国王室的创建人。龙池的方位在瞢揭厘北四五英里处的一座寺庙西北约140里处，可能就是一个叫作"赛德丐"的湖。据狄恩上校考证，从他收集的资料来看，此湖就在达罗拉附近注入班杰戈拉河奥什里河谷的源头。斯瓦特上游与班杰戈拉之间的山区我尚未做过调查，因此我不能就狄恩上校在其引人注目的考证中所引证的观点再做补充。

中国另一位访问过乌仗那并在其行纪中作了详细记载的西行求经者是悟空。这位谦逊的玄奘大师后继者，于公元751—790年间游历了印度。此时正值唐朝对西域的影响迅速衰退的时期，因此他肯定是唐朝最后一批经中亚细亚前往印度西北地区访问的旅行者中的一个。尽管他用去了他在印度长时期居留中的很大一部分时间在犍陀罗及其附近的乌仗那，但他对这些地方的记载却很有限。他对其经行的自喀什噶尔至乌仗那的路线，做了简明扼要的记载——这引起了我们的兴趣。公元751年，悟空随一个唐朝使团出使罽宾（即喀布尔河及犍陀罗地区），这是对前一年（公元750年）该国国王派来的一个使团的回访。他们经过葱岭（或帕米尔）到达了五识匿国（亦云式匿）。该国地望若按沙畹先生引证的《唐书》中的段落来考证，当即今之阿姆河上之舒格楠。他们由此继续行进，经护蜜国（今瓦罕谷地）到达拘纬国，该地地望我们在其他地方已指出系今之马斯图吉。这条路线描述得很清楚，看起来有些曲折迂回，实际上却与唐朝将军高仙芝在公元747年的那次著名远征路线之一有关。在那次远征中，高将军率领军队自今天的喀什噶尔成功地进入了亚辛，后面我们将有机会再作详述。由此推论，悟空的同伴很有可能在去马斯图吉的路上通过了巴罗吉尔山的鞍部——这为自瓦罕谷地翻越兴都库什山提供了最易行的通道。仅仅几年以前，这条通道目睹了高仙芝将军的军队胜利地通过那里。

自耶尔洪河源处的巴罗吉尔起，高仙芝与悟空所走的路线分开了。前者率领其军队直接翻过高峻的德尔果德山口，进入亚辛谷地。而悟空及其同伴则顺耶尔洪而下，走了一段路程之后才进入亚辛境内，然后进入乌仗那。上述只能说明悟空传记中所指出的路线。从拘纬国以后，依次为葛蓝国、蓝婆国、孽和国、乌仗那国（亦称作"乌苌或乌茶"）。关于孽和国，沙畹先生认为是"孽多"一名的变音，这无疑是正确的。《唐书》指出，孽多即是小勃律国（即亚辛）的首府。

要了解悟空列举的辇和国以前两国的情况并不很困难，只要对这个山地地区现在的地形情况做调查即可。沿耶尔洪河下行至拘纬——亦即到延伸至马斯图吉以上河谷中的可垦殖地区之后，从那里通往亚辛的最易行的路线是从马斯图吉起到拉斯布尔河谷，然后翻过申杜尔山口，向东进入吉泽尔谷地，该谷地在古比斯那里与亚辛的谷地相连接。这条路是连接耶尔洪河谷与吉尔吉特——亚辛河排水区之间的主要交通线，据推测悟空及其同伴所走的即是这条路线。拘纬国的首府，在《唐书》记载中称作"阿赊毗师多城"，在我的考证中，已与目下的休伊斯特村庄群相印证起来。在离开阿赊毗师多城后，悟空必定经过马斯图吉（今天的耶尔洪河上游地区的行政中心），然后再通过拉斯布尔。显然，正是这条狭窄而肥沃的河谷，悟空称之为蓝婆。"蓝婆"二字是他对当地名称"拉沙普拉"一词的简称。现在我还不能就"葛蓝"一词也提出令人信服的考证，但我可以毫无疑问地说，该名称必是下述两个地方名称的更古老的名称：要么是马斯图吉本地，要么是耶尔洪河上那些重要村落中的一个，像布雷甫或米拉格木。

当然，现在还不能确定悟空的同伴选择上述路线而舍弃另一条远为便捷的通过德尔果德山口路线的原因。众所周知，法显正是沿此路线翻过该山口，从帕米尔进入达丽尔和乌仗那。同样的问题还有，在沿着耶尔洪河行进之中，他们没有继续其旅程直至吉德拉尔，并从那里假道迪尔到达斯瓦特。幸运的是，中国的历史文献为我们提供了大量有关当时政治影响的精确信息。彼时唐朝治下塔里木盆地的势力，在其最后崩溃以前，曾将其势力扩展至兴都库什山以南的谷地。这些信息有助于研究当地的历史状况，而这些地区有可能正分布在悟空及其同伴经行路线的附近。

沙畹先生最初从中国外交使节和历史记载中摘录的一系列有趣的文字，我在其他地方也曾详细讨论过。根据这些摘录文字可知，大约在公元8世纪中叶，唐朝曾致力于阻止其老敌手——吐蕃人沿着兴都库什山向西扩张其势力，并与阿姆河流域的阿拉伯人联手。但唐朝的努力彼时尚未涉及亚辛和吉尔吉特地区。在高仙芝成功地自吐蕃的入侵中解救出小勃律（即今亚辛和吉尔吉特）之后两年间，该地区又遭受到吐蕃与竭帅（或竭师）联军的威胁。据我考证，竭帅一地即今之吉德拉尔。公元750年，高仙芝在吐火罗王子的帮助下成功击败了吉德拉尔地方的统治者，并以其兄弟代其位。但在次年，高仙芝所率唐军遭到了阿拉伯人致命的打击。

接下来唐朝势力在塔里木盆地的迅疾衰落，导致了一连串后果：驻守在小勃律国中的一小队唐朝士兵，由于其在供给方面对克什米尔的依赖性，已被报告说处于一个危险的境地，不可能再对该地维持有效的控制。至公元751年或752年悟空经过此地时，这支守军是否仍在坚持尚不得而知。但有一点清楚的是，由于高仙芝的灾难而导致唐朝优势的全部丧失，必使悟空所在的使团遭受到来自吐蕃人及其盟友方面的更多威胁。正是由于这种混乱的政治状况，促使唐朝旅行者们选择了走偏僻的道路。向吉尔吉特河的移动，无疑会将他们带入一个被吐蕃人截击的危险境地之中。因此可得出这样的观点："辇和"并不全在吉泽尔河上游地区，那里在政治上总是依赖亚辛，但比它更安全，更不易于遭受吐蕃人的攻击。在此需说明的是，自吉泽尔村起据说有一条很好的道路，沿着河谷边缘向南可到达斯瓦特河源头。

令人遗憾的是，悟空虽然在乌仗那停留了很长一段时间，但他对该地的记载却过于简略。在抵达乌仗那国之后，他又行抵"茫蘖勃国及高头城，次摩但国，次信度城（近信度河也）"。公元753年春，唐朝使团最终到达了犍陀罗国并抵达了他们的目的地——罽宾国东都。由此，喀布尔的突厥王的冷季住宅，显然与现在的乌恩德有关。罽宾国的统治者所做的非常殷勤的接待，毫无疑问是希望借此获得有效的帮助，以抵御阿拉伯人的威胁。至于在信度城以前的行程，我能确定的只有茫蘖勃一地，它很可能就是门格劳尔。悟空在犍陀罗时，因为生病留在了那里，未随使团一道返回。从公元759年起，他变成了一名僧侣，并从克什米尔到比哈尔做了大量的朝圣的事。他返回乌仗那后（此事不可能发生在公元768年以前，很可能在以后很久），在那里住了一些时间，即在茫蘖勃的寺院里。这以后他还告诉我们，该国还有苏诃拔提寺和钵茫拔提寺。此外让他感到满意的是："如是往来，遍寻圣迹，与《大唐西域记》说无少差殊。"悟空回国的时间是在公元783—790年间，同样是假道喀布尔河和巴达克山——此中详情容在别处述及。

除了朝圣者们的记载，中国文献中有关乌仗那的记载，仅限于北魏和唐朝史书中的简略记载。它们能告诉我们的关于彼国彼民之状况，主要取自上述讨论过的行纪。但令人感兴趣的是，这增加了一些关于与遥远的中原王朝关系的细节。

《唐书》中有关的一般性记载，是根据《大唐西域记》而来。沙畹先生曾出版过一个译文本。据《唐书》中推测，这个被称作"乌荼"或"乌苌"的国度，其方圆在五千余里。在其东面，据称有勃律国，相距六百余里。此距离之估算，看似得自玄奘所记钵露罗即勃律与达丽罗川（即达丽尔）之间之里程。关于后者，《唐书》中随后提到其位于国之东北，称其为乌仗那国旧地。在其西面，相距四百里是罽宾国，也许其地望可视作布路沙布逻或白沙瓦，即犍陀罗的首府，后来与喀布尔河统一在了一起。"山谷相属，产金、铁、蒲陶、郁金。稻岁熟。人柔诈，善禁架术。国无杀刑，抵死者放之穷山。罪有疑，饮以药，视溲清浊而决轻重。有五城，王居术瞢蘖利城，一曰瞢揭厘城，东北有达丽罗川，即乌苌旧地。"

公元642年的一段记载提到了乌仗那国王达摩因陀和苏派遣一名使节前往唐都长安以贡献樟脑香料之事，与《唐书》中所记的同一年罽宾国王赠送礼物一事，两相参照即可看出，乌仗那国与迦毕试犍陀罗国彼时尚未合并受一王节制。有关合并事，当然是在一个世纪之后，从唐朝皇帝当时的一道敕令上可以看出。该敕令在《唐书》中作了引录，它是赐予罽宾王勃匐准的，授权他继承"罽宾及乌苌王"称号。唐朝有很实际的政治理由，以发展与遥远的乌仗那之间的双边关系，这在《唐书》和《资治通鉴》的相关段落中均有记载。这两部史书的记载都指出，公元720年，玄宗皇帝曾派遣使节前往乌苌、骨咄、拘纬（即马斯图吉），授予其统治者以王称号，以奖励他们对阿拉伯入侵的抵御。在这段记载中提到，阿拉伯人已推进到乌仗那的东部边境——这段记载反映了唐朝对阿拉伯人在公元8世纪前10年间对遥远的印度河上的信德地方的成功争夺的印象。

第四节　经行塔拉什和迪尔

由于客观原因，1906年4月末我快速通过乌仗那地区时，无法对沿途经过的大量遗址做任何系统的调查。4月28日，当我骑马沿着宽阔的军用道路从杰格德拉前往班杰戈拉时，我并没有时间去重访阿丁塞平原上的那些佛塔和寺庙遗迹，也没时间去验证那些点缀在乌奇河宽敞而肥沃谷地中山鼻子上的古塔和居民点废墟。由于道路向西拐弯，抵达将斯瓦特和班杰戈拉分隔开的喀特夏拉山口，我得到了一个很好的视野，饱览了升起在南面灌木覆盖的山坡上的如画的古代堡垒废墟，然后又万般留恋地从那里经过。在午后骄阳照耀下，它们看起来像当地帕史突名称"沙莱·马乃"一样。该名称源自砂岩材料的颜色，意为红房子。这些遗址就像斯瓦特河高地上所见的众多废墟一样，皆属于佛教时期。仅凭一两次有限的调查——正如我1912年1月在斯瓦特河谷以南帕莱一带的相同遗址中所做的调查那样——就可以获得很明确的证据。

但当我们进入塔拉什的宽阔河谷（图3），远眺班杰戈拉到巴焦尔以上的雪峰，并抵达库孜萨莱的莱维驿站之后，我一直未忘记利用白天剩余的一小点时间，来做我此次旅行的第一件考古工作。在库孜萨莱西南—西方向约2英里的古木巴特小村庄，我发现了一座保存相对较好的印度教寺庙废墟。该遗址最早被狄恩上校所提及，从其平面和风格上看，极接近我在索尔脱山见到的那些寺庙。但那时我已没时间来做一次专门的调查。现在也没有时间，我必须尽快地做我的工作。

从主干路向南拐弯后不久，我发现自己正站在一座隐蔽而巨大的庭院里——这是加拉尔巴巴布哈里清真寺，一座正统伊斯兰教圣徒的寺院。自从印度教寺庙吸引走了它的信徒之后，这座曾经很热闹的寺庙像其他地方常见的那样变成了一座遗址。当我沿着那欢快的小溪（它曾给它的冲积扇地区带来了肥沃的土壤）循梯状山坡而上时，在寺庙西南约0.5英里处，我不期然地遇到了一堆犍陀罗式石造建筑的墙，余高约15英尺，它显然是用来支持其后的梯田。在沿陡峭的小径下到古木巴特村的路上，我们经过了很多这种建筑的石墙。有一些看起来属于古代居住遗址，但毫无疑问大部分是用来支持梯田。现在的帕特汉族居民已修建不出这样

图3　塔拉什河谷一瞥，自库兹撒莱伊向巴焦尔方向

坚固的建筑物，而是满足于享用现成。而很久以前他们即采掘那些古代居址的石头，用以建造棚屋和围墙。

自占木巴特小村子起，我把我的坐骑小矮种马留在那里，徒步沿狭窄的涧谷而下，一路来到了寺庙废墟（图4）。“古木巴特”（即圆屋顶），该名称正是来源于此。寺庙占据了水平地面的一小部分，

图 4　塔拉什河谷的古木巴特废寺

正建在最后一排棚屋之上，后者的一部分正是靠切凿南面和西面的山坡建成。此种状况令我回想起索尔脱山中位于奇塔斯的沙特夏拉寺庙遗址。一条由泉水哺育的小溪，紧贴着废墟的东面流过，灌溉着在它附近生长的悬铃树。自从1897年我初次访问这座寺庙以来，它又遭到了严重破坏——大量切割很好的砂岩石块被迪尔的一个可汗拆走了。看到村民们将这些古址几乎全部拆走，那真是件令人悲哀的事，这是先进的"文明"之手，写在这些墙上的很奇怪的一笔。1897年尚保存在东墙和北墙上的刻石，现在已全部被人拆走了。我在古木巴特村还发现了几块精致的黄色砂岩石块，包括一块大石料，它们原先曾是一种建筑上的中楣柱或一种壁柱柱头，现在被一个铁匠用来砌炉子。寺庙东面三叶形装饰的门廊内部，以及内殿神坛内侧墙壁，受到的损害较少。此外，环绕着上层穹隆顶房间的狭窄通道的石隔板，大部分依然完好，盖因为其狭窄的通行空间，从而起到了保护作用。

尽管有些损坏，但由于南部和东部墙壁的角部基石尚在原位，加以在索尔脱山和印度河有相同的建筑可作参照，因此要快速测绘出平面图（图5），也不是不可能。该图显示出了寺庙的主要特征，它由一座神坛组成，该神坛9英尺8英寸见方，由一道宽9英尺的门廊与东墙相通。该门廊的原始进深已不可知，原因是它外面的石构建筑部分已全部消失。推测其顶部曾有一扇三叶形拱门，这可从其边墙上部保留的痕迹上看出。自门廊到神坛的入口面积亦不清楚，但从它上面仍保存下来的模子痕迹上可以看出，其形状为长方形。它的侧面是扁平的壁柱。神坛上部是一个水平结构的穹隆顶，建在7个连续突出的砖层上，切断了其角落，并将四边形变成八边形。穹隆顶的高度，自神坛地面算起计13英尺8英寸。门廊两侧各有一个小壁龛，深2英尺6英寸，宽1英尺6英寸。

南面的壁龛高约6英尺，通到建在神坛墙壁最厚处的一段狭窄的楼梯上，并连接一条宽约1英尺3英寸的走廊，这些就形成了一条通道。通道的三面呈弧形、拱顶，高置于神坛的穹顶上，距地基17英尺6英寸，并构成了上一层。通道高5英尺6英寸，看似通到另一层楼梯，很可能是用来通到第三层去。然而，由于现有建筑的最高部分尚未超过地基层面以上27英尺，第三层的高度以及曾经苫盖整座庙宇石屋顶的高度，还不能确定。

由于外墙敷面的砂岩石块已全部被人拆走，该建筑物外部的

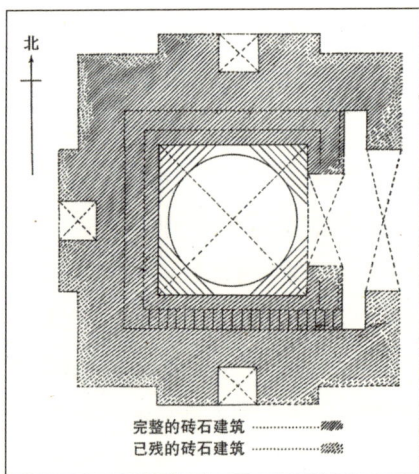

图5 塔拉什古木巴特废寺地表平面图

测量并不能算是绝对准确。东面残存线脚的拐角部分，高21英尺3英寸。南面墙的中央有一道长10英尺6英寸的突出物，每侧各5英尺2英寸。每面墙的中心各有一个2英尺6英寸见方的壁龛；除东墙的壁龛外，其余壁龛都稍高出神坛的水平线。这些壁龛毫无疑问是用来放置一些神的塑像。石头建筑的内侧皆为很粗糙的砂岩，用灰泥抹缝。像神坛的内墙所做的那样——用平整的砂岩石块仔细砌筑，外墙面也是用凿刻过的石块砌成。尽管风化很严重，1897年时我仍能分辨出刻成蜂窝状菱形格子装饰图案的中楣柱，以及使人联想起分布在索尔脱山区的奇塔斯、玛洛特、恩布等地印度教寺庙遗址中的阿马拉卡装饰图案。

这些废弃的寺庙，连同我在印度河畔的两处卡菲尔阔特遗址中所调查到的寺庙遗址，在所有的建筑特征方面，均与古木巴特的寺庙有着最密切的相似性——这只要稍微看看孔宁汉将军的报告中提供的索尔脱山区遗址平面图及地形图，以及我的报告中所绘制的关于印度河流域遗址的平面图和地形图即可一目了然。神坛的布局以及其上部的穹隆顶室和它的沟通方法，与在奇塔斯主寺庙及彼洛特卡菲尔阔特悬空的 B 号和 C 号寺庙中所见到的布局极其一致。后者在面积上与古木巴特非常接近，如果古木巴特寺庙的门廊未被文化摧残者们严重毁坏，它们在平面布局上的相似性还会更加显著。此地遗址受到的破坏令人痛惜，其所有建筑装饰均遭毒手，这剥夺了我们观察的机会，以详细研究在索尔脱山上和印度河畔的那些遗址中见到的装饰图案。而这些图案正如我在其他文章中指出的，是从犍陀罗佛教晚期艺术中发展而来。

古木巴特寺庙中残存下来的三叶拱形门廊遗迹，本身就富于鲜明的特征。此种建筑特征长久以来即被认为与最早引起人们注意的克什米尔的旧有寺庙不一样，其中明显存有更古老的犍陀罗经堂遗迹。关于其雕塑，富歇先生在其权威性的关于犍陀罗建筑艺术的分析中已经指出，其真正的发源地应是犍陀罗。在索尔脱山区和卡菲尔阔特的寺院建筑中，流行那种三叶形弓门，这主要证明了孔宁汉将军阐述的一个理论，即它们的建筑风格是直接在克什米尔的影响下发展而来。对克什米尔王国历史文献的评价分析，证明了该国的政治势力在全部时期中，都比那些早期作家声称的要远为有限得多——而此种所谓势力，曾被认为是其影响力的表现。正是由于在犍陀罗晚期建筑遗迹极稀少，因而掩盖了这样一个事实：在伊斯兰教传入后，索尔脱山区寺庙建筑的特征可以认作是犍陀罗希腊化佛教艺术的直接发展。在犍陀罗佛寺遗址中，可以看到该艺术最早期的和最好的表现形式。如此看来，古木巴特的特别意义在于，它提供了这种晚期发展的例子，在艺术与文化上皆与犍陀罗紧密相关。现在还无法对寺院的时代作任何准确的判断，但参照别处已知的相关建筑遗迹，我倾向于认为它们在公元7—9世纪间。

我又踏上了自莎都循班杰戈拉至迪尔的旅程。这两程长途奔波如此迅疾，以至于我没有机会做任何稍细致一点的观察和调查。不过我还是被山丘上的古迹所打动。我沿着那些大群的古代居址和塔的边缘走过，它们在山鼻子上如此显眼，俯视着斯瓦特河谷下游和塔拉什地方。沿着河向下，是大量的现代帕特汉族居民的堡垒化的村寨，在班杰戈拉以外迪尔地方的那些大而富饶的村庄，我不得不歇息了两天（5月1日和2日）。正如我的"旅行笔记"中所描述的那样，这两天除了调查，我什么事也没做，然而这附近地区并未显露出有遗迹存在的迹象。我只见到一些古钱，那是当地巴扎上的印度商贩出示给我看的，其中有一些是贵霜时期的钱币，还有一些是后来的印度—斯基泰铜钱——这表明了这里早时期被占据的情况。

　　我亦能自斯瓦特科希斯坦的格拉姆获得两个人，以作语言学和人体测量学方面的检验。他们的语言经证明与戛尔维语——达德语组中的一种语言是一致的。据他们说，班杰戈拉河最东部分支河谷的迪尔科希斯坦人，从帕特拉克到达尔，亦操这种语言。关于"迪丽"一词，我曾徒然地想从中获得某些信息，而格里尔森博士（现在是乔治爵士）在他的"毗舍阇语言"调查中则指出，所谓"迪丽"实则是"迪尔"一词的一种独立说法。如果戛尔维语也在迪尔以上的班杰戈拉河源一带流行，那就很难来推测"迪丽"究竟在何处。因为它现在只在迪尔帕史图以北和以西的那些小河谷中才被使用，尽管那里的人的面孔已表明，他们的血统来自达德世系。在迪尔的现在一代人中，对卡菲尔人的侵掠一事仍记忆犹新，这提供了令人感兴趣的证据，证明了还在近期阿斯马尔以上的库纳尔河两岸地区，尚属于卡菲尔斯坦——或如马可·波罗所称的"帕塞"的一部分。

迪尔的科希斯坦人以及向东更远处的斯瓦特河源一带的人，很有可能是那支在佛教时期曾占有班杰戈拉及斯瓦特河谷，后又被玉素甫札伊帕特汉人侵入霸占其地（正如狄恩上校最先指出的那样）的人群的幸存者。据狄恩和高德富雷上校的观点，当地的传统中仍保留着一个对此种起源说的回忆。但是，他们显然不会迟于改宗伊斯兰教之前。据称伊斯兰教传入此地，是在大约八代或九代人之前。在缺乏人体测量学资料的情况下，如果以语言学方面的近似性能做标准，那么巴什噶尔或巴什喀尔的这些科希斯坦人，就像已知的班杰戈拉和斯瓦特河源处的那些谷地的情况一样，理应被归属于达德世系之中。此外，关于佛教时期乌仗那居民相同起源的推测，将会得到保存下来的语文学和历史学证据的支持。

第二章

经行吉德拉尔和马斯图吉

第一节　吉德拉尔的人种志与历史

5月4日，我翻过洛瓦里山口，接近了吉德拉尔。在那个季节，这山口依然是一处令人望而生畏的障碍，峡谷中深深地堆满了崩后的积雪（图6）。在兴都库什山主脉南侧的高山地区，吉德拉尔连同其荒芜高峻的山地、肥沃的狭窄的河谷、出奇的混杂的人口，以及它那多姿多彩的、古老且相对来讲发达的文明，这一切深深吸引着诸如地理、人种志以及文物方面的研究者。在我的"旅行笔记"中，将会显示出我曾对那里多么迷恋，还有我的巨大遗憾。由于必须快速通过那里，我的调查变得十分有限。我在吉德拉尔的旅行和停留，被限制在一个星期的时间之内。这一事实将会解释，为什么我现在的报告中只能涉及该地的地理学方面的问题，而鲜有早期历史方面的资料。至于古迹方面的观察，也仅限于我在路途中所能做到的那一些。

吉德拉尔在政治上的重要性，其极有趣的人口混杂现象，还有其发达的经济状况，这一切需到下述事实中去找寻解释，即大自然将吉德拉尔得天独厚地安置在最靠近——从很多方面来讲又是最容易的中亚和西北印度之间的贸易线上。一系列的自然地理特征，合起来一同来垂爱这条通过吉德拉尔的、连接印度河和阿姆河流域的交通线。肥沃的库纳尔河谷地，从白沙瓦和斯瓦特河谷那面有很多通道可以进入它，而且这些通道都明显低于洛瓦里山口。库纳尔河谷为人们提供了一条通衢，向北没有任何不便利的曲折，一年四季都向负载交通工具敞开着。这条路东面的所有路段，在到达兴都库什山主要分水岭以前，都必须攀登一连串的高坡。这就使得河谷不但狭窄和艰难，也缺乏多余的物产，而这在一个山地地区，对于饲养驮载牲畜来说是必须的。[1]

从库纳尔河主河谷上行至大村落群沿线，到处都不缺乏资源。这片大村落群，组成了吉德拉尔的首府，其现代名称亦是从这片地方上得来。相同的优越条件一直持续到卢特阔河谷边侧，在这里，从吉德拉尔以上主要的商路转了一个弯，再走两程路就到了

---

[1] 正是由于这种食物给养和饲料的匮乏，构成了这条路在所有时候使用上的严重障碍，无论是商业还是军事目的。该路自克什米尔起，经由吉尔吉特、亚辛到达罕萨。此种匮乏还影响到经由耶尔洪河谷的交通，尽管有巴罗吉尔山嘴形成的向北方的易行通道。

图6 自迪尔以外古加尔驿站眺望洛瓦里山口

多拉赫山口。多拉赫山口在一年中有将近半年的时间可以通行负载的牲畜，它提供了一条易行的道路，可以通到泽巴克河谷。正如上文看到的那样，通过该河谷，人们又可以到达巴达克山和阿姆河上游瓦罕谷地的肥沃地区。

与通过多拉赫的道路相比，那条我曾走过的、上行至吉德拉尔或耶尔洪河源头（在巴罗吉尔一带）的道路，充其量也不过是次要的。因为直到现代骡道建成时为止，峡谷中的悬崖峭壁和陡峭山坡阻断了吉德拉尔和马斯图吉之间的道路，对负载交通来说，它几乎是关闭的。只是在盛夏极适宜的季节，耶尔洪河的洪水才让开通到巴罗吉尔和阿姆河支流喷赤河的道路。

那里与巴达克山和阿姆河地区间交通之便利，反映在其商业、政治及其他联系上。吉德拉尔人本身并不曾做过商人——如果我们排除掉那仅有的出卖奴隶之事，其统治者们直到最近为止都一直沉迷于此勾当中。然而他们的国家在许多个世纪里可能目睹过欣欣向荣的景象。这种状况一直广泛存在于印度河流域与阿姆河流域之间，由巴焦尔那些极富事业心的帕特汉商人所推动。这些商人把他们的殖民地一直建到帕米尔的东西两面。对这条商路的征税也一直是吉德拉尔当局一笔相当可观的财政来源。这些不同时期的统治者的北方起源问题，不仅被世所公认的喀土尔库什瓦克特王朝的伊朗后裔所证实（该王朝至今仍领有吉德拉尔和马斯图吉），也被大量的组成吉德拉尔贵族政治的特权部族所证实；而且历史上来自阿姆河方面的反复征服的传统也证明了这一观点——尽管这些征服在编年上很含糊。

然而更有意义的是，多拉赫东南面的卢特阔河谷的大部分地区，其主体居民是由巴达克山人移民构成，如依得夏赫人（图7），其语言实际上与门涧的东伊朗语一样。门涧是山区，地处多拉赫西北。在喀拉德罗什附近的马达格鲁史特，存在着一块操波斯语的巴达克山人殖民地。毛莱族的广泛扩散（他们的现代家庭在阿姆河上游），还有从瓦罕迁来的移民的数量的增长，都是来自伊朗

图 7　吉德拉尔的巴达克山移民

图 8　做过人体测量的吉德拉尔人和马斯图吉人

图 9　在吉德拉尔测量的巴什郭勒卡菲尔人

强烈影响的确切证据。鉴于这些压力，吉德拉尔的原居民必从很早时期起即受到排挤。因此，很容易理解为什么吉德拉尔人（图8）的体质特征——就我所能从其面部特征上判断的结果来看，实际上与阿尔卑斯人类型无法区分开来，后者在阿姆河地区以及帕米尔一带的戛勒恰赫或操伊朗语的山地部族中，有着很一致的表现。乔伊斯先生对我在吉德拉尔首府停留期间所收集到的人体测量学资料所做的专业分析，将会表明那种影响曾多么广泛。如果在达

图 10　吉德拉尔玛斯吉德巴扎前面的巴什郭勒卡菲尔人

德部族的东南方，譬如阿斯多尔和古瑞芝部族中所做的足够数量的人体测量资料得到检查，那么那些证据就会更有说服力。阿斯多尔和古瑞芝人在面部特征上与说达德语的吉德拉尔人的差别，在我看来是显著的。从任何方面来看，都显然包括吉德拉尔在内，兴都库什山地区无论是在语言上还是在人种上，都不能构成一个真正意义上的分界线。

　　现在吉德拉尔人口中的混合种族特征，在那里使用的语言中也得到了反映。在吉德拉尔主河谷自马斯图吉以下至德罗什，还有向北的大边侧河谷，皆以喀什喀尔巴拉（意为嘻什嘻尔之了译者）一名著称。其主体居民无论是属于土著耕种者还是统治阶层都操高瓦尔语。该词来自"高"，耕种者用这个名称来指他们自己及其国土。高瓦尔语或吉德拉尔语，据说构成了乔治·格里尔森爵士所称的"现代派萨西"语中一个独立的语组。该语言中惯于使用历史上的名称"达德"，而不计较其极有限的现代应用。由于分布在卡菲尔和东部语组中间，某种意义上又是相对独立的位置，高瓦尔语"常显出与夏勒恰赫语之间的显著的一致性"。

吉德拉尔北部和东北地区在种族上与伊朗东部语组之间的联系特别引人注目，不管此种语言学关系可以作何解释，有意义的是在吉德拉尔卢特阔谷地，从门涧那里来的一个大而古老的聚落中，现在讲的是一种夏勒恰赫方言。就上述所说的关于卡菲尔斯坦人向库纳尔河流域的渗透而言，人们并不惊奇。在吉德拉尔首府西南的边侧河谷以及主河谷以下地方的大量聚落中（图8~10），讲的是喀拉夏卡菲尔方言。再向下到库纳尔河流域，这条河延伸到了巴什古尔河出口一带，长期以来被当作是吉德拉尔的一部分，在这里所讲的语言是夏巴尔巴蒂或纳瑞史蒂语，属卡菲尔的另一种方言。沿着吉德拉尔河左岸，在阿什雷特与德洛什之间发现的"旦夏里克"殖民地遗址中，甚至发现有使用史那语或乔治·格里尔森爵士所谓的"现代派萨西"语的达德语组。此外，如同在其他"现代派萨西"语中一样，在高瓦尔语中存在的非雅里安语词汇，可追溯到在罕萨纳夏尔保存下来的布鲁沙斯基语。这种非雅里安语词汇提供了各种可能的证据，证明这些河谷在更早些时候被"他们（高族人、达德人等）所驱逐或同化掉的、现在操布鲁沙斯基语者之祖先"所占据。

　　尽管有这样一种种族和语言上的混杂状况，就历史记载而言，吉德拉尔常常以一种有组织的政治单位面目出现，该单位受一个已知的王朝所统治。此种事实，当它与那些无组织的部落公社群比较之后即可看得明显。甚至在我们这一时代，在吉德拉尔西部、南部和东南部都还可看到这种部落公社。此外，在吉德拉尔，自然方面如高山峻谷等对人们的和平交往和协作带来的阻碍作用也很大，对于这些比较原始的公社而言，这种阻碍作用则更大。因此我认为，需要认识到的是在吉德拉尔政治体中存在的一种更为发达的文明，应主要是来自其所享受到的地缘优势的结果，即通过与其周边地区以及与巴达克山（一个古老的文化与物质的繁盛地区）的便利交通，而享受到了文化交流的优越性。

　　与其他的观察者一样，从我一开始进入吉德拉尔时起，就注意到了此地高水准的生活，其舒适程度、礼仪以及耕种方法等给我留下了深刻的印象。但是我又怎样才能详细验证我的这些印象呢？——当我在此地只是做不超过一星期的匆忙旅行，对其各种经济和社会状况只是匆匆一瞥，而这些状况实际需要经年累月的详细观察和研究。在我的"旅行笔记"中，我谈到了我的这些印象。同时，我还表达了我对这块令人激动的土地最诚挚的希望。

希望吉德拉尔连同马斯图吉在内的这些极具有地理学、人种志及人类学系统研究意义的地方，在其传统状况尚未遭受到印度影响的严重改变以前，能够找到它的合格的研究者。关于吉德拉尔的物质文明，就我在其中所能观察到的，有很多清晰地让人想起中亚地区；而在有关风俗及环境方面，在我看来则与印度相差很远。有这么多在我看来是直接从巴达克山输入的东西，谁也不可能不意识到，在塑造吉德拉尔的历史过程中，阿姆河地区所创造的古代文明，在其中曾扮演一个多么重要的角色。

遗憾的是，用以复原吉德拉尔过去的物质遗存极其稀少，这块土地本身也未保存下来有关其历史的文字性遗物。就连比达尔夫上校所收集到的有关18世纪的传统口头文字，也都局限于一些非常含糊的追忆，而且极无条理，实际上并不能当作历史资料来使用。现在仍然统治该地的家族世系，可以追溯到大约17世纪。这些王族或梅赫塔尔中的统治家族，在其主支系中被称作"喀土尔"。据说该家族系一呼罗珊冒险家的后裔，他曾被以拉伊士著称的统治者中的一支较早时候家系的最后一支所收养。之所以这样说是因为据信这些家庭与伊斯兰教传入之前曾统治着吉尔吉特的家庭有关；而且在他们中的一支之统治期间，有一支卡尔梅克人或中国军队与巴达克山的一位王子联合，入侵并征服了这个地方。在更早的时期，还有一个国王巴合曼的传说故事，他是一个偶像崇拜者，在多次努力保卫吉德拉尔之后，被迫向一支阿拉伯军队屈服，后者此前曾征服过巴达克山和瓦罕地区。

虽然这些传说非常粗糙，而且年代无法确定，但仍有大量关于来自巴达克山方面的征服的追忆。这得到了更可靠的佐证，因为唯一涉及伊斯兰时期以前的吉德拉尔的历史记载，即是关于此类事件。它被保存在唐代史书中，最先是由我在《古代和田》一书中作了说明。中国史书中记载的事实，是这样一种政治状况的直接后果，即高仙芝在公元747年对占据亚辛的吐蕃人的成功的征伐以及随后而来的唐朝对该地区和吉尔吉特的有效管理。最详尽的史料还是在大百科全书《册府元龟》中发现的两份外交文件，该书出版于公元1013年，其收录的这两份文献沙畹先生曾做过研究。其中一件是吐火罗或吐火罗斯坦的君主失里尝（常）伽罗于公元749年写给唐朝廷的一封信（上表——译者），当时他派使节去进贡礼物。众所周知，吐火罗斯坦与今天的巴达克山一地有关。

他在信中写道：

臣邻境有一胡，号曰羯师，居在深山。恃其险阻，违背圣化。亲辅吐蕃，知勃律地狭人稠，无多田种。镇军在彼，粮食不充。于个失密市易盐米，然得支济。商旅来往，皆著羯师国过。其王遂受吐蕃货求，于国内置吐蕃城堡，捉勃律要路。自高仙芝开勃律之后，更益兵三千人，勃律因之。羯师王与吐蕃乘此虚危，将兵拟入。臣每忧思一破凶徒。（《册府元龟》卷九九九——译者）

这位吐火罗君主在他后面的文字中，提出了一个大胆的计划：

若开得大勃律已东，直至（于）阗、焉耆、卧（沙）凉瓜肃已来，吐蕃更不敢停住。望安西兵马来载，五月到小勃律，六月到大勃律。……缘个失密王向汉忠赤，兵马复多，土广人稠，粮食丰足，特望天恩赐个失密王敕书宣慰，赐衣物并宝钿腰带，使感荷圣恩，更加忠赤。

据说玄宗皇帝答应了这位吐火罗君主的请求。事实上，《册府元龟》还收录一道皇帝的册封朅师国王文，时间是公元750年。文中记载：

天宝九载三月册朅师国王勃特没兄素迦为王。册曰：于戏，赏劳之制，必崇名器。怀柔之典，无替畴庸。咨尔朅师国王勃特没兄素迦，代竭忠诚，僻居遐裔，夙怀智识，早闻勇义。顷以勃特没于乡不孝，于国不忠，而卿抱屈既深，久被沦弃。今恶党已殄，凶黠就擒，卿遂能输忠赤于朝廷，表仁惠于蕃部，永言效节，宜膺旌赏。是用册尔为朅师国王……

同样的事件在沙畹先生摘译自《资治通鉴》的记载中有更简要的叙述。沙畹先生的摘译记述了吐火罗斯坦之叶护即其君主失里怛伽罗在公元749年"遣使表称：'朅师王亲附吐蕃，困苦小勃律镇军，阻其粮道。臣思破凶徒，望发安西兵，以来岁正月至小勃律，六月至大勃律。'上许之"[1]。天宝九载（公元750年）二月，"安西节度使高仙芝破朅师，虏其王勃特没。三月，庚子，立勃特没之兄素迦为朅师王"。安西节度使高仙芝征服了朅师国，拘押了其国王。三月，勃特没的哥哥素迦被立为朅师王。

我在《古代和田》一书中探讨了这些记载中关于唐朝治理亚辛和吉尔吉特事件的方位，并详细指出那些使我相信所谓的"朅师"或"朅帅"必即吉德拉尔的理由。最具结论性的证据是《唐书》中有关吐火罗或吐火罗斯坦的一条详细记载。在叙述了一件属于公元729年的事件之后，接下来又说："其后，邻胡朅师谋引吐蕃攻吐火罗，于是叶护失里忙伽罗丐安西兵助讨，帝为出师破之。"正如编年史中提到的，吐火罗为了报答皇帝而采取的军事援助，是公元758年展开的反对叛乱者的斗争。此处《唐书》中所提到的征伐朅师的行动，可以肯定是在公元750年。正如大家所知道的，朅帅或朅师国王勃特没被打败了，他的哥哥素迦被册封为新王，取代了他的位置。

此处提到的朅师系吐火罗斯坦的邻邦以及吐蕃人经由朅师而对吐火罗的侵略，这一条本身已足够将朅师与吉德拉尔联系在一起。对于已在印度河流域到伯尔蒂斯坦建立据点并竭力争夺对小勃律或吉尔吉特—亚辛的拥有权的吐蕃人来说，他们在巴达克山

---

[1] "安西都护府"即龟兹，之后它变成了四镇的行政中心，代表唐朝保护塔里木盆地及其以北地区。

对面的前进路线，必须经过吉德拉尔。这一确证可由《唐书》中随后的一段记载中得到更肯定的证据，这是一段关于吐火罗斯坦的记载，描述了一个叫劫的地方，很明显是揭师的缩写："居葱岭中，西及南距赊弥，西北挹怛也。"由于后者的位置被与吐火罗斯坦相提并论，而位于阿姆河以南的吐火罗的主要部分即巴达克山。因此，其东南面与此相邻的劫或揭师，必是今之吉德拉尔。

这种确证必然会使我们认识到，赊弥国的地方就在与吉德拉尔西部和南部相接的卡菲尔斯坦。而且我在上文中已经指出，此种地望考证与宋云的记载非常相符，宋云正是自巴达克山至乌仗那的路上经过此地。《唐书》中关于劫或揭师更详细的记载，也与此相符。《唐书》云："气常热，有稻、麦、粟、豆，畜羊马。"此种描述明显符合总名为吉德拉尔的大村落群所在谷地的主要部分，那里宽广肥沃，在各个时期都必定是现在称作"吉德拉尔"或"喀什喀尔"的全部地方的政治中心。此地海拔约 5 000 英尺，无论是气候还是物产都与克什米尔谷地很接近。史书记载劫距离唐都长安一万二千里，并特别提到那里流行一种"俗死弃于山"的葬俗。它还记载了一次出使情况，公元619年，该国遣使者献宝带、玻璃、水晶杯。

唯一需要指出的是对揭师地望的确证，它是经过对其地形的讨论而确定的，在语言学方面也可得到佐证。正如我在各处所指出的那样，"揭师"一名的汉文形式，很容易看出是对当地名称喀什喀尔或其更早时期形式的转写。这一用以指称吉德拉尔地区的名称，还可从相对早些时候的伊斯兰教资料中得到证明，而且直到近期它还与吉德拉尔一名一道用来指称这些地区。而吉德拉尔一名，也许被专用来指这个地区的首府了。"竭师"这一名称，作为汉文中对喀什喀尔的转译，在不同时期的汉文文献中有着不同的形式：竭叉（法显），奇沙（《出三藏记集·智猛传》——译者），迦师（慧超《往五天竺国传》作伽师祇离，《慧琳音义》作迦师结黎，《唐书》迦师为疏勒国城名——译者），佉沙（《大唐西域记》）。这些名称是不同时期的中国作家对塔里木盆地城镇和绿洲喀什噶尔的古地名的音译。

关于吉德拉尔古代史中那段时期的精确情况，很少有机会保存下来。沙畹先生在他对《唐书》中有关中亚记载的权威分析中明确指出，对于中亚帕米尔以东和以西的广大盆地地区的历史而言，公元8世纪前半期是一个特别重要的时期。唐朝当时正加强对塔里木盆地及周边地区的治理，以抵御两股强大势力对广大中亚地区的控制，而这些地区是它从西突厥手中继承过来的。唐朝在这些地区的力量，一方面是来保护自己，而同时既抵御来自西面阿拉伯的入侵，又抵御吐蕃人针对塔里木盆地和甘肃地区不时的抢掠。当时吐蕃人是一支富于攻击性的民族。关于这场争夺战，我们根据中国的史籍记载，已大致准确了解其不同阶段。在这场争夺中亚的斗争中，吐蕃人曾竭力与阿姆河一带的阿拉伯人联手，并最终开辟了一条新的通过帕米尔进入塔里木盆地的前进路线，但此举很明显又限制了吐蕃人自身。在我们看来，大自然所设置的阻挠通过兴都库什山和帕米尔高原的入侵的天堑，其险峻及艰难事实上远小于从吐蕃翻越昆仑山进入塔里木盆地中所遭遇到的，那里荒无人烟，沿途是高绝险峻的高原和山地，任何人都必须面对它们。

正是这种地理上的和战略上的重要意义，从而解释了此时期吐蕃人为何持续不断地致力于从印度河流域向吉尔吉特和亚辛渗透，并由此获得翻过德尔果德和巴罗吉尔山口进入帕米尔的通道。吉德拉尔也变成了吐蕃人的重要目标，因为对这山地国家来说，如果能把它拉拢到吐蕃方面，那么吐蕃人就会一举两得：一方面可以通过骚扰来自克什米尔的供给线，从而夺取唐朝戍守部队在吉尔吉特的位置；另一方面则是通过吉德拉尔从而获得一条最便捷的从印度到吐火罗斯坦的路线。后者不时地遭受到来自阿姆河中部的阿拉伯人的威胁，正不断地寻求唐朝的帮助以免被征服。因此，当吉德拉尔的君主勃特没帮助来反对唐朝在阿姆河的砥柱吐火罗斯坦时，这对吐蕃的政策而言，无疑是一个重要的收获。

公元750年发生的那场图谋，被高仙芝将军在吉德拉尔的成功干预和挫败。但是他本人遭遇了一场灾难，一年之后唐朝的军队开到了费尔干纳北部——这很可能象征着唐朝在南兴都库什地区的影响，已迅速地走到了尽头。不久，唐朝内部也遇到了麻烦，由于安禄山的大规模叛乱（公元765—768年），导致甘肃全境以及唐朝西部其他地区向吐蕃侵略者敞开。到公元766年，吐蕃已完全成功切断了唐朝驻守在塔里木盆地诸镇及其以北地区与中原的联系。有一个很合理的推测认为，这片广阔的新领地的开通（吐蕃人在东北的事业）必定会导致其在西部努力的松弛。这正可解释为什么人们没有听到更多的吐蕃人在兴都库什山和帕米尔地区活动的消息；也可以解释为什么迟至公元758—759年，《唐书》中提到由吐火罗"西域九国"派遣的援军，加入了玄宗皇帝的军队，从反叛者手中夺回了首都长安。[1]

我们刚验证过的这段记载值得寄予特别的重视，因为它表明即使藏在山峦屏障之后的小小的吉德拉尔，在一个决定中国在中亚长达数世纪影响的命运的危急时刻，在一些事件中也扮演着一定的角色。关于吉德拉尔的历史，有一段话与此有关，它提到国家受到了唐朝一支军队和巴达克山王子盟军的入侵。这段话透露出了些许事实。但遗憾的是当地的编年史非常模糊，我们有理由怀疑，那个被称作"莱伊斯"之王族的世系是否可以追溯至公元8世纪。据说上述入侵正发生在该王族之一王时期。实际上，比达尔夫上校是这样说的，该事件据说发生在乌斯伯克阿不都拉汗死后，此人显然是一个来自阿姆河方面的穆斯林突厥人。

突厥人阿不都拉汗时大致也可算是传说时期。我在吉德拉尔停留期间，当地一个有文化的吉德拉尔贵族和官员即迪万伯吉瓦

1　令人好奇和感到有意思的是，唐朝对中亚细亚欲望的丧失，而阿拉伯（大食）人则出现在这些外国援军之中。他们可能正是安西四镇当局所招募的雇佣兵。

法达尔汗向我讲述过这些传说时期的简明轮廓。根据这种陈述来看，连续的传说时期包括：卡菲尔道尔或卡菲尔人时代；拉伊斯王朝时期，该时期的大众观念中充溢着中原文化的影响；突厥阿不都拉汗朝代；来自吉尔吉特的凯鲁拉汗时期；最后是以喀土尔著称的今之梅赫塔尔家族的统治时期，该支系今之凯鲁拉汗，很明显即巴德沙沙凯鲁拉。1789—1790年时他曾是喀什喀尔地方包括马斯图吉在内的最高统治者，此人亦曾出现在吉德拉尔家族库什瓦克特旁支的世系表中，在一个大致相符的位置上。由此，阿不都拉汗很可能也被排在了18世纪某一时期。

不管怎样解释早些时候的传说中提到的来自中原王朝势力的扩张，可以肯定的是，大约在18世纪中期清朝重新恢复对塔里木盆地的有效治理之后，吉德拉尔又重新感觉到了中原王朝的存在。在时光流逝了一千年后，中国又重申早时期的历史记载，对此我能查找到的文献很有限，在这里也只能简略地提一下。这些文献中最为可靠的是拉沃蒂的调查报告中一位作者所写的明确声明，1789年前后他曾访问过吉德拉尔，那时其统治者承认清朝的主权，而且在清朝的保护下，来自巴达克山方面的劫掠终止了。比达尔夫记录下来的口头传说中有一段很长且绘声绘色的传说，它提到了一次入侵：有一支清朝军队，在巴达克山统治者弥尔苏丹沙的配合下入侵了吉德拉尔——当时正值库什阿玛德统治马斯图吉之时。此人是库什瓦克特支系创立者的侄子。在对马斯图吉的长时期围攻之后，达成了以下条约：入侵者退回到了耶尔洪河谷，即趋向巴罗吉尔的方向。

　　有一篇1790年的文献也提到了这同一次事件。中国史书记载中所提供的真实情况很清楚：事情的结果是，来自巴达克山和瓦罕谷地方面的入侵，由于清朝的干预而终止。清朝的干预所留下的显然是很强的印象，它也说明了在吉德拉尔的传说中对于这些事件的态度。

第二节　吉德拉尔的古迹

　　由于对吉德拉尔历史有用的资料非常稀少，我倍加渴望着利用一切可能的机会，在快速通过此地主要谷地时，对任何保存下来的遗迹进行调查。我知道在一个受限制的、相对贫穷的山区，那里唯一现成的可利用的建筑材料就是木材和石块，因此不可能期望有什么显著的遗迹。我有各种理由感到荣幸的是诺利士上尉对我的关照。他是吉德拉尔行政长官助理，曾答应我的要求，帮助我收集当地有关任何存在的古迹的信息。幸亏有他给我提供的清单，我才得以迅速地翻过洛瓦里山口；也幸亏在他的指示下，瓦法达尔汗（迪万伯吉）才给我提供了详细的说明，我才得以记录下来并部分地检查那些具有考古学价值的遗物。

　　那份清单中提供给我的、我路途中遇到的第一处"古迹"，实际上给我带来了一些失望。因为那处据报告位于夏西拉特城堡

（图11）以上2英里处，在河左岸的岩刻遗迹，实际上只有两行华丽的诗句。诗句用波斯文书写，根据德里的莫卧儿王朝大王宫中所题写的加罕吉尔的著名诗句摹写，看起来它们是受18或19世纪吉德拉尔的某些统治者之命而铭刻上去。这种碑铭看上去毫无意义，只是显得很宏大，刻在河面以上足有100英尺高的峭壁上，倒适于做一种所谓"王中王"之类的记录，就像大流士在贝希斯顿所做的那样。但在我看来，某种程度上它像是一种自我炫耀的符号：吉德拉尔的头人们，不管其所辖山地多么有限，很多世纪以来一直以拥有"巴德沙"封号而自豪，而且他们的小朝廷对波斯文化并不陌生。在这些用现代五彩拉毛粉饰法装饰出来的两行诗间，有着大量的湿婆神的三叉戟符号。毫无疑问，这些符号表明了那些常常被招募来戍守吉德拉尔的廓尔喀人的宗教倾向；而且在不远的将来它们就会变成一种古迹，来证明现在印度方面初次对这些山建立的政治控制。

我在吉德拉尔最初两天（5月4日和5日）的旅行，是把我带到其首都，但并未显示出有任何其他明显的古代遗迹存在的迹象，它们只是帮助我熟悉吉德拉尔地方存在了很长时期的君主专制统治方面的准否定证据。与斯瓦特和班杰戈拉的谷地相比，我们经过的大型村落，即使是在边侧河谷的河口有土壤和水源可供耕种的地方，也未见到任何瞭望塔和堡垒式居址，而这在南方更远处的帕特汉边境地区的聚落中，对于安全而言不可或缺。从防卫的重要角度来考虑，确实像在米尔喀尼和德罗什那样，有几处塔楼

图 11 戛西拉特古堡，下眺吉德拉尔河谷

式要塞看上去已有些年代，但是这些要塞从每个方面来说，都只是梅赫塔尔用来庇护他的官员们的堡垒，或用以防卫从南方过来的交通线。

在纷繁的篡权与骚乱中，这个山邦的现代政治史充满了阴谋、谋杀与变节。因此，安全问题对统治者本身来说，始终都是要最先考虑到的因素。梅赫塔尔们的城堡有着高大、密集的方形瞭望塔，建在四周掩映的巨型村庄群的中心，构成了吉德拉尔的首都，它很明显地带着环境条件的印记。这座城堡的基础和形状无疑都很古老。巨大的石木建筑，曾承受了过多的变故和意外，以至于无法再承受下去了。就连最近发生的一次事变，即1895年那场记忆犹新的围攻，也经受不起了。当我访问此城堡时，在清真寺和环绕着城堡外侧殿堂的精彩的敞开的走廊里，我还看到了大量灵巧的木雕，也许都有数世纪之久了，它们仍保存在那里。其包铁的高大的门，亦是一个古老时代的遗物——正是通过这里，那些觊觎者一次次踏上了充满血腥的喀什喀尔"塔赫特"之路。

由于当地的原因，我只能在这座城堡中做非常匆促的调查。除了这座梅赫塔尔们世代相传的古堡，吉德拉尔的首都还有其他一些古迹。还有一座古堡遗址，据说是拉伊斯时期的遗物。靠近其官衙处有一些塔楼废墟。实际上在其石头建筑的墙上，并没有显示出明显的时代特征。对我来说，也不可能从那座精致的、以"巴扎玛斯吉德巴扎"著称的、据信是吉德拉尔最古老的清真寺建筑上（图10），推断出任何明确的年代来，它的木构圆柱和拱门建筑风格很明显具有撒拉逊晚期的特点，该类型建筑，在全伊朗都有发现。

吉德拉尔有一座老房子，在1895年的骚乱之前曾被当作政务总管的官邸，现在它又殷勤地接待了我。我一抵达那里，即感觉到它那真正本土的特色建筑风格。在其所有的主房间里，用喜马拉雅杉树做的圆柱精雕细刻，排列成四边形，支撑着屋顶。那种寻常类型的吉德拉尔式通光和气孔，原本具有古代建筑特征，令人很感兴趣，我在后面将提到它们，但现在它们上面又加上了现代天窗。圆柱上装饰性的木雕尚未遭到改变，在这里我立刻被它们流行的装饰图案打动了。奇怪的是这些图案，在我看来竟然很熟悉，其中有几种像四瓣铁线莲似的花朵图案以及八瓣莲花外带一个圆圈的图案，看起来极像1901年我在塔克拉玛干沙漠的尼雅遗址中发掘出的古建筑构件上的木雕和家具上的装饰图案的复制品。这些图案很明显受到了犍陀罗艺术风格的影响（图12~14），这种影响是直接从斯瓦特和喀布尔河流域传布过来，还是它本身即说明它是从巴达克山和古代巴克特里亚移植过来的文化的其他形式？不管其渠道如何，这种移植过来的艺术影响确实是找到了一个可靠的地方，正是在这些遥远的河谷中，它很好地保持了下来。

　　5月7日，当我继续调查报告中所说的位于河左岸的居果尔一带的遗迹时，我有机会访问了达瓦维什的一栋老屋。据称该屋的年代可以回溯到卡菲尔道尔或伊斯兰时期以前。村子里的现代住宅，皆掩映在繁茂的果树林里，独有那老屋阴暗的色彩，以及大块头的建筑物一下子就吸引住了我。老屋的外沿看起来像大石块堆，但再走近就会发现那其实是一些墙，用未切割过但很妥帖的石板建成，比其他部位都坚实得多。其内部最引人注目的特征是，一间巨大的中心房屋或叫中心大厅，其柱子看起来被精心雕琢过；沿着一堵墙上装饰着用喜马拉雅杉做成的方格，皆带着一层岁月流逝的黑色痕迹。在装饰上主要包括一种四瓣花形的菱形格子，风格非常接近我在尼雅遗址中发现的很熟悉的那种木雕，以及在犍陀罗见到的那种浮雕，只是做工稍嫌粗糙。比起吉德拉尔现代雕刻中植物图案和花窗格子来，其线条和对比度上要强烈得多。大型翅托由方形柱子支撑，顶端是精心做成的盘蜗形装饰，这使我想起我后来在罗布淖尔遗址中所发现的那些东西（图15）。盘蜗形装饰被认为是老卡菲尔式作品的典型特征。屋顶中央开通，以利采光和通气，这在高瓦尔语中被称作"阿依旺"或"库

图 12　建筑上的木雕构件　　图 13　小佛塔模型和装饰性木雕

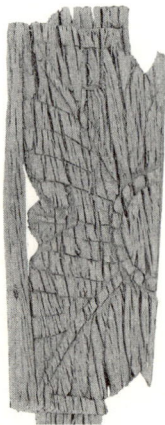

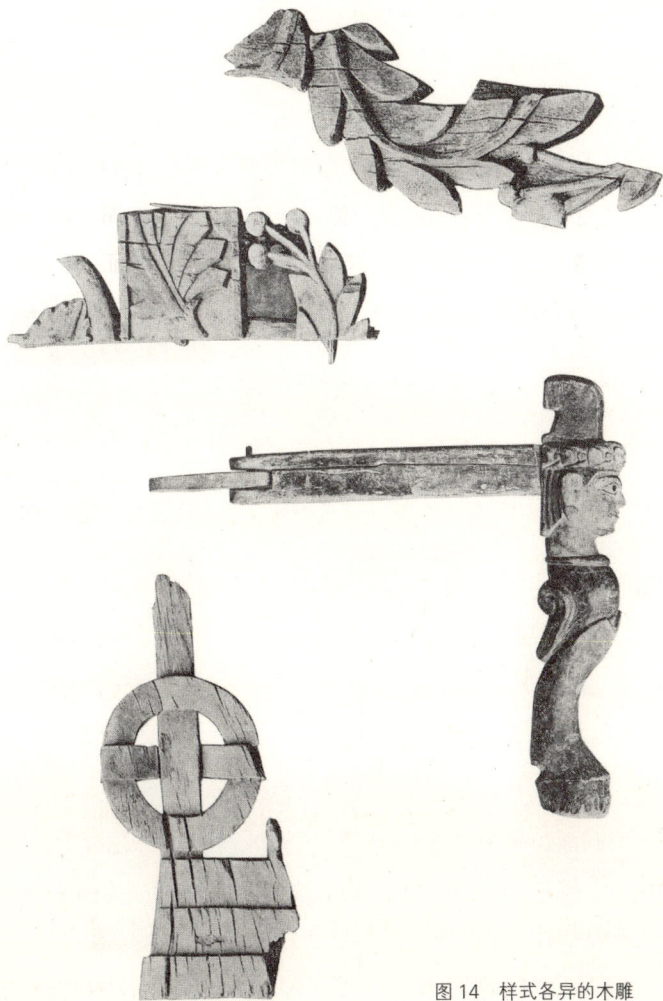

图 14　样式各异的木雕

图15 楼兰古城 L.A.III 废墟出土的木雕残片

玛尔"，是一种典型的建筑结构。它是由连续叠盖的大桁条构成，向上逐渐减少方形开口——我们可以从在米拉格拉木拍到的照片中，看到这么一种阿依旺的样子（图16）。在克什米尔少数几座寺庙中——例如潘地来坦，仍保存有这种石构的天顶，尚完好无损，可看作是这种建筑的准确副本。由于在这个古屋中光线一直很暗淡，所以无法拍摄照片。房子的主人是一个毛拉，平时也做些木

图 16 奥拜都拉汗家宅的大厅，米拉格拉木

工，他自豪地声称，屋子最早的卡菲尔建造者也是一个手艺人。而这在我看来，像是在有意识地展示一个未被破坏的、活生生的当地艺术传统。

在居果尔村上面地方发现的遗迹没有多少意义，它位于横跨在现代城堡对面河上的桥梁以下约1.5英里的地方，在居果尔谷尔峡谷北侧山鼻子的最后一座山峦上，分布着古代城墙的遗迹，名叫摩千德赫，意为铁匠庄。它们用未切割过的大块石头修建而成，现已被附近的村民们采掘另作他用。这些古墙形成了一个长方形的建筑，长40多码，宽约17码，还有一些将墙分隔开的痕迹。我注意到，在这座圆丘的狭窄的地表及其斜坡上，再没有其他遗迹分布。但是机警的迪万伯吉瓦法达尔汗（他陪着我参观这个遗址）告诉我说，他年轻的时候，这里常常可见到一些箭头、珠子以及很精美的陶器碎片。乌楚斯特村的考古情况也是这样模糊不清。该村位于官府驻地以南约2英里，在罗马里上面的山丘上。在那里，据说大部分房屋都是用从卡菲尔或喀拉什时期的古墙上拆下来的石块建成。从我对此地的访问中可以看出，大量的墙明显地时代很早，但现在被拆下来用作房屋的基础，或用来支撑一个小台地的护坡，而且我亦未发现任何的雕刻石头，或者其他建筑物存在。

实际上，比这些稀稀拉拉的遗迹更有趣的是，骑着马去拜访它们的那些旅程。展示在我眼前的是肥沃而开阔的谷地，以城堡和官府为中心，上下达数英里。一个村庄连着另一个村庄，街道与果园相望，欢快的小溪汇聚在一起，灌溉着果园和农田。所有这些组成了一个密集垦殖的大绿洲，循着主河谷的构造，因地制宜。因此，吉德拉尔的政治状况，在所有时候都必定是独立的；而在经济方面，它又是喀什喀尔邦中最为重要的地区。

在给我的古迹清单中，还提到有其他两座卡菲尔时期的城堡：一座在诺戈尔吉，靠近楚玛尔洪；另一座在甘阔里尼，靠近布拉奇。二者皆在吉德拉尔附近，分别在河左岸和右岸。但我已没时间去访问它们了。这样一来损失并不大，因为这两座古堡据说都只包括一些粗糙的石墙而已。幸运的是，接下来的5月9日到11日的三天行程中，给我提供了观察到更为有趣的考古学遗迹的机会。那是在前往马斯图吉的路上，我一路沿着上吉德拉尔河谷（或如它在此所称的耶尔洪河谷）向前走去。这部分主河谷实际上只有一系列或大或小的石峡，尚很少被冲积扇破坏。只有这样的冲积扇才可提供耕种的地方。不管道路所经过的这部分河谷有多大的艰难险阻，甚至正如我的"旅行笔记"中所指出的，连现代马道的建成也无法抹去这些艰难。这条路一直是一条重要的交通线，因为它连接着吉德拉尔和东北部那些肥沃的边侧河谷（后者构成了喀什喀尔巴拉），以及耶尔洪河源处的马斯图吉山区。

在河流峡谷两岸的道路旁，还遗存有两处佛教石刻遗迹。第一处遗迹位于摩罗伊村以上，从横跨河流的主要道路延伸至河右岸处起，一直到普莱特村上面，长约3英里的一段路程范围。那里几乎正对着乔木史利小村，狭窄的道路沿着陡峭的山坡边缘通过，山坡上满布碎石，高出河面以上约150英尺。在一个叫帕霍托日底尼的地方，有一块大砾石，可能是花岗岩，正位于路上面，很仔细地刻画出一座佛塔的图形；下面是11个婆罗米文字。虽然原本光滑平整的砾石面遭受了剧烈的风化，但现在仍能看出佛塔的轮廓来。

从图17、18中可以看出，它们表现的是一座佛塔的一部分。

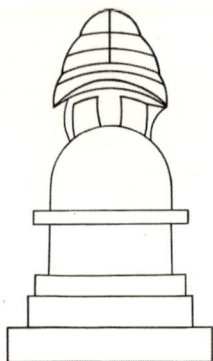

图 17　帕霍托日底尼和吉德拉尔
石刻佛塔造型

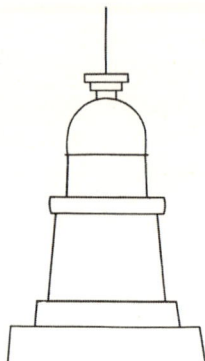

图 18　查伦和马斯图吉
石刻佛塔造型

此种佛塔建筑结构，与我在喀什噶尔和和田地区所见到的现存的
那些佛塔遗迹非常接近。其特征是三级渐趋后缩的基座，基座之
上是一座高的圆柱体形塔身，再往上有一个突起的上楣，上面覆
盖着的是塔顶，塔顶的形状大致呈半球形。在塔顶之上，是按传
统样式画出的一串连续的伞状物，大约有七层；最下一层建在看
起来自塔身顶部向外稍有倾斜的支撑物上。在最上面的三层伞状
物中心有一根立柱，实则是串联这整个伞状物的——按照一种早
期的传统，它象征的是一种化缘的棒，植在佛祖佛塔顶上。

富歇先生曾经清晰地阐释过这种他称作变体的佛塔类型的发展状况，这是所有那些在兴都库什山以北地区发现的并广为流行于其山南谷地的此类纪念性建筑物的规范形式。在此我们已没必要详细地去指出，帕霍托日底尼的这种石刻佛塔像，与规范形式之间究竟有多少细节上的准确性。在此只需提请诸君注意，这种图像对于复原和阐释现在已化为废墟的佛塔建筑的某些特征，还具有特别重要的意义和价值。从塔底开始它具有三层方形基座——这种传统，玄奘在记述巴尔赫附近的一些小佛塔时曾提到过，它可以直接追溯到佛陀曾规定过的一种范例。这种三层基座布局法，在此地和下文介绍的查伦的石刻佛塔图像中都有显示。这很重要，因为它可能正是文化影响、渗透的另一种迹象。这种影响来自兴都库什山那面，尤其是来自古代巴克特里亚，这我在上文中讨论吉德拉尔文化和政治史时已经强调过。在印度西北边区及喀布尔河谷地，现在保存下来的佛塔废墟中的大部分都是一种方形基座，取代了那种单一的圆形的古佛塔类型。并且在这些佛塔中明显不存在玄奘清楚无误地描述过的那种以三数目为规则的传统。从另一方面来讲，我在塔里木盆地所调查的那些佛塔废址，也非常规范地显示出了三层基座的结构。此解释一目了然，玄奘所记的佛塔传统，其实是特别应用于在占代巴克特里亚地区发展出的一种佛塔建筑类型。而且这种佛塔风格连同其他方面的内容，诸如艺术、文化以及宗教文学等，向东一直传播到帕米尔以东和吉德拉尔河谷地区。

三层结构的基座向上逐级减少其高度，这种在帕霍托日底尼石刻中所见到的布局结构特征，并不是此类塔的基本方面——这通过与查伦佛塔的对比中即可看出（图17、18）。此外，那种将圆鼓形顶与塔身分隔开来的狭窄的圆凸的部分，在查伦亦可看到，尽管只是被一种分隔线的形式表示出来。在喀什噶尔附近的毛里梯木，也可以清楚地看到这种结构。塔身的高度要超过半球形顶部分，这一特征为我所知道的塔里木盆地的所有佛塔遗迹所共有。此外在印度西北边区所发现的大多数佛塔中，亦具有此种特征。在塔身与由一连串伞状物所组成的塔尖之间，其图案过于粗糙，不允许作更明确一点的解释。但几乎不用怀疑的是，那种向外侧倾斜的表面是有意设计的，它们也许代表的是一种逐渐突出的座子，就像大部分佛塔在相关部分所显示的那样，代表的是一种向外倾斜的象征性支撑物。一如我在约特干遗址得到的皂石上精心刻画的一座小佛塔图像，它在伞状物底部以下部分即有此种支撑物（图19）。

佛塔的最后部分是位于整个建筑物之上的那种伞状物，富歇先生曾形象地称之为伞状小塔楼。这部分灵巧的塔尖正像它被画成的那样，令人很感兴趣。富歇先生坚持认为，这种伞状塔尖在佛塔的建筑效果上起到了一个重要作用。这种伞状小塔楼只在印度西北边区少数几座小型佛塔中尚有保存，而且是以浮雕形式出现。通常它要占去整个建筑三分之一以上的高度。石刻中所显示的高度比例恰当，伞状塔尖连同其座子部分高度为17英寸，而佛

图 19　石质小佛塔

图 20　小佛塔模型

塔通高约50英寸。关于伞或碟状物的数量，我曾经观察到七层，确实超出了在犍陀罗和喀布尔河谷现存实物标本中寻常所见的五层数量。然而我们知道，这种数量没任何限制，因为中国古代的西行求经者们曾经证实，迦腻色伽王在白沙瓦的大佛塔上，曾有至少十三层伞状物。在尼泊尔的佛塔以及德拉斯一带的石刻佛塔上，也可见到同样数量的伞状物塔尖。为了使这一说法更可靠，可用我在罗布淖尔遗址中所发现的木雕刻的两件佛塔小模型（图

图 21　吉德拉尔帕霍托日底尼的石刻佛塔和铭刻

20）来作说明，它们亦是七层伞状物。那么，像这种三层方形基座结构，也是巴克特里亚佛塔类型的规范特征吗？

佛塔图像下刻写的碑铭，距该砾石底边以上高约6英尺，亦具有明显的趣味。尽管这些刻写的文字笔画由于风化而变得很浅，但它们仍能清楚地与岩石表面的自然裂痕区别开来（图21）。由于字迹很浅，以及热力和风所引起的快速蒸发作用，我无法获得一件满意的拓片。但我在遗迹现场所做的解读，很容易即可与我拍的几张照片进行印证。那11个婆罗米字母长度分别在1.5~2英寸不等，全部长度将近3英尺。它们的形式显得与西面的笈多类型非常接近，其手写体的变体在布赫勒的古字体图表中亦有介绍。该图表所集样本来自索尔脱山中发现的托拉玛纳碑铭，其时代大致在公元5世纪。

碑铭用梵文书写，根据我的读法，应当是：

देवधर्मोयं राज्जीवर्मण

这行字，推测在石一端表面失落了一个"Visarga"。也许可以这样读：devadharmo' yaṃ Rājajīvarmaṇaḥ，意思是："这是一件来自罗阇耆婆曼（Rāja Jīvarman）的、献给众神之礼物。"值得注意的是，在查伦的碑铭中亦发现有"Rājajīvarmaḥ"一名。这并不难解释，作为印度俗语形式的"Jīvarman"是从 Jayavarman（阇那跋摩）中得出的。这两处碑铭在铭文上的非常相似性可以作如下推测：它们都是指称同一个人；再进一步讲，这个题写献词的人，应当是一名虔诚的佛教徒。由此推论，这些石刻很有可能是受一个当时统治该河谷或相邻地方的王子之命而做，他的印度名字和封号是非常有趣的证据，证明了公元5世纪前后印度文化及其印度氛围对该地区的影响。

作为当地古代崇拜存在的证据，这方石刻还是一个传说的对象。在这个传说中，那仍存的尊敬只是被用来假装平息穆斯林们的自责心理罢了。按照迪万伯吉给我讲述的这个故事，有一个食人的恶魔或狄奥（Deo，波斯语为 dēw）叫作"卡拉木达尔"，常常伏在这里伤害人类，直到后来有一个大毛拉抓住了它，并将它囚禁起来为止。用来捆缚恶魔的绳子，据说就是画出的佛塔轮廓线。至于下面刻写的文字，人们普遍相信它们来自汉文。此外我还被告知，在木尔高河谷的拉音，还存在另一处相同的石刻。

帕霍托日底尼的碑铭，在最近时期已注定变成一种准历史传说的主题，比达尔夫少校曾送给孔宁汉将军一份此碑铭的拷贝，可能是根据其目击情况而做。而孔宁汉将军则错误地将其解读作 Deva dharmaya Raja Fiva Pâla（拉加·吉瓦·帕拉之虔敬贡物）。其结论可即刻得出："吉瓦帕拉一名，显系早期穆斯林作家翟帕尔"，即兴都沙西翟帕尔。此人在公元10世纪末离开了白沙瓦谷地，前往加兹尼的马赫穆德。像这种"确证错误"的情况，迄今在吉德拉尔的官方文件中，已有充分的发现。

在我的"旅行笔记"中，记述了我骑马从帕霍托日底尼出发，沿着河流险峻的右岸前往德拉山河河口的情况。该河汇聚了所有来自喀什喀尔巴拉的溪流。我从对面河岸上经过了雷循村和库拉格下面的隘路，实际上它们都是一些古代遗址。但它们曾目睹过的吉德拉尔征伐期间的悲剧事件，对于古迹调查来讲仍然显得太近代。我们晚上很晚才抵达靠近河口的库什特村，所以没有时间去调查那座据说是拉伊斯时期的城堡。而比达尔夫少校曾指出，该塔存在于"吉德拉尔河谷，在离库什特河谷不远的道路附近一处显眼的地方……仍然被叫成偶像"。

渡过德拉山和耶尔洪两河之后，在它们的汇合处稍上一点即是查伦村，由此我进入了马斯图吉境内。但在我着手探讨这些地方简要的历史古迹之前，倒是应该描述一番查伦村遗存的、我在帕霍托日底尼调查过的那种石刻。当我在吉德拉尔时，即已听说了该村的石刻。5月11日上午，在汗沙西布皮尔巴喀士的引导下，我到了遗迹那里。汗沙西布皮尔巴喀士是一个令人尊敬的印度医院助手，曾担当过马斯图吉地方首领的顾问。在层层梯田中间，西南距村子约1英里，距离通到下面河谷不远的一处地点，有一个住在附近的农民。在我此次来访前8年他曾碰见一块圆形巨砾，其北面刻着一座佛塔，并在两边都刻写一短行婆罗米文题记（图22）。受早期信仰遗风的感召，村民们（他们都是很好的穆斯林）把砾石完全地清扫了一遍，并在上面盖一座粗陋的小棚子来保护它。

石刻已按比例绘成了图（图18），它刻画的是一座佛塔，据测量有3英尺7英寸高，最下部一层基座宽2英尺6英寸。此处的佛

图 22 马斯图吉查伦附近的巨砾，上刻有佛塔和铭刻

塔与帕霍托日底尼佛塔一样，都看似在北兴都库什山地区流行的典型特征。它们都有三层渐趋缩小的基座，其中最上面一层基座在此例中最高，在最上一层基座与圆柱体形塔身之间，有一道强烈突出部分被安插了进去。此种情况据我在塔里木盆地所见到的佛塔遗迹中，尚无第二例。在罕萨的托勒小佛塔的相同位置却有此类结构，它必是犍陀罗及乌仗那佛塔中的常见特征——此乃自几件雕刻的佛塔模型以及仍保存下来的拉毛泥塑基座遗物实例中判别出来。我在前文已经提到这种中楣似的突出部分，它被刻画成一条简单的线条，将圆顶与塔基分隔开来。半球形的圆顶高度远超过真实的半球体，亦远超过帕霍托日底尼石刻佛塔的半球比例。在圆形塔顶之上可看到有座子，意在支撑伞状塔尖，其形状在犍陀罗佛塔模型中常可见到。在此支撑座子之上，非常奇怪的是那种串联伞状或碟状物的中心柱子，却没有被表现出来。

刻在佛塔两侧的铭文，其右侧者系6个刻得很清楚的婆罗米文字，平均高2.5英寸，刻画字体深度约0.125英寸。在左侧由于该砂岩石块相对比较脆弱，局部表皮已经剥落，致使仅保存下来三个婆罗米文字。其中头两个字又很难辨认。还没有迹象可以看出，在此三个字母前面还曾有其他字，但由于那一面的石块表皮的保存状况极差，还不能由此遽下结论。至于右侧的铭文，很明显它并未受到过触动。它可以读作 **रजजीवर्म**，意即 Raja Fīvarmaḥ，毫无疑问与帕霍托日底尼铭文中提到的是同一个王子。但是除了该名字的原始梵语形式（可能是 Fayavarman）问题，还存在着这样一种疑问：所谓 Fīvarmaḥ 是否是一个名称的变体，或雕刻匠的一个笔误，而正确的所有格形式应为 Fīvarmaṇaḥ？左侧铭文中，只有最靠近佛塔图像的 ब 能被辨认出来。它前面的字母据我检查时来看，要么是一个 प，要么是一个 म，只有顶部的两个小水平笔画。而最左侧的一个字，看来只能读作 ड，尽管其起手笔画已因岩石表层剥落而受到损坏。目前我不能解释的是，这三个字是一个梵文单词还是一个词的一部分。但是剩余部分的奇怪梵语，连同明显的拼写错误，可能为我们准备了一些非印度语形式的文字。

不管这整个碑铭的正确解读如何，可以确定的是，这无疑是一段献辞，而且在时间上与帕霍托日底尼的碑铭应大致同时。这些文字不太潦草，显示了相同的古字体类型。

查伦石刻提供了另一个明显的例证，即有关当地曾存在过的宗教信仰改变的事实。关于此，我曾在一篇有关兴都库什山北部地区存在过的改宗问题的短文中已经提到过。发现此佛教纪念物遗迹之处的居民点，以"马哈加图古兹"一名而著称，其意为"神圣角落"。这一名称是在该石刻巨砾发现之前即已存在还是仅从那以后才开始出现的呢？这且不去论说。有一点可以肯定的是：村民们（他们几个世纪以来一直都是些好穆斯林）对这石刻非常敬畏，也有关于它的虔诚的传说。人们相信，古时候曾有一个神圣的人或布朱尔戈曾在这里坐过，之后即神秘地消失了。巨砾连同其石刻即标明了这神圣的地点。令人非常感兴趣的是，村民们对这处佛教遗迹所表示的没有什么内容的、假托的崇拜——这一点从他们修建的保护棚上即可看出。因为从周围环境所发生的变化上可以清楚地看出，这块砾石必是被洪积土埋藏过，可能已有数世纪之久。它位于一个小冲积扇边缘，在那里沉积物会被逐年积累下来。我还被保证，直到邻近的居住者迁徙于此并修整出一个新的台地以供耕种之时，这里的地面上还看不到任何东西。难道是这块石头被埋藏时即已有了有关神迹的传说，还是伊斯兰教对村民们的这种潜意识信仰如此不加影响，以至于他们曾准备重申自己对这古迹的崇拜呢？然而或许是像当地这种崇拜物的再现，间接地是由于自1895年以来英国治下的太平局面带入这边远的谷地后所产生的经济方面的效果而造成。这里，像在吉德拉尔和马斯图吉的其他地方一样，明显的效应就是，人们沿着那些突兀的不毛山地的山脚开垦了一些耕地。毫无疑问，这些效应是增长中的人口压力的自然结果；而人口的增长，又是由于政治和经济条件的改善而促成。对于这个具有历史学研究意义的问题，我将在下面再作讨论。

第三节　马斯图吉的历史状况

马斯图吉的山区——也许应该称作是耶尔洪河在与德拉山河汇合前流经的河谷——根据有限的历史记载来判断，它看起来一直扮演着包括吉德拉尔在内地区的首府的角色，两地常相联合。

马斯图吉也确实享有过政治上的分离时期，那是在库什瓦克特家族统治之时。该家族本身即是自17世纪以来在吉德拉尔建立王朝的家族的一个分支，它断断续续地要么是从吉德拉尔中实际独立出来，要么就试图兼并吉德拉尔。最近时期库什瓦克特家族的统治对亚辛的扩张，以及有时甚至到吉尔吉特，很可能会使其独立变得容易一些，他们靠的就是马斯图吉其他方面的微弱资源的增长所积累起来的实力。

但是，正像库什瓦克特势力的向东扩张，可以由经由申杜尔隘口（海拔12 250英尺）连接着马斯图吉和亚辛的相对易行的交通线来说明一样，历史上所显示的吉德拉尔与马斯图吉的分立（尽管其在各自的人口与统治者方面存在着同质性），亦可以从其地理特征上找出自然的解释出来。耶尔洪河上游宽敞而肥沃的谷地，从马斯图吉一直延伸到休伊斯特以下某一点，有长约60英里的距离。还有从申杜尔隘口处下落的拉斯布尔的边侧河谷，虽狭窄一些但亦同样肥沃。这些河谷实质上与吉德拉尔方面是分隔开的，只是稍小一点。此外，它们还与德拉山河的边侧河谷相分立，中间隔着耶尔洪河的一连串峡谷，那里存在着大量的可用以防御的地方。也许只有一种强有力的对外控制的优势，才能保护住吉德拉尔和马斯图吉的永久性的联盟。甚至当现在有了这样一个控制全兴都库什山地区的宗主政权之时，马斯图吉虽与吉德拉尔一道处于同一个行政长官的管辖之下，但仍享受着在一个单独首领治下的独立。

对马斯图吉近期历史概况的快速回顾，对我理解这个我正在探察的地区的早期历史记载情况很有必要。在《唐书》中有这样的一段记载，我在《古代和田》一书中曾作过评论。沙畹先生是最早译注《唐书》中的这段记载的人。这段记载指出：

> 俱位，或曰商弥。治阿赊腻师多城，在大雪山、勃律河北。地寒，有五谷、蒲陶、若榴，冬窟室。国人常助小勃律为中国候。

按勃律河可能即今之吉尔吉特河，此地方连同亚辛一道，在中国史书中被称作"小勃律"。所谓俱位或商弥国境，连同其位于该河之北、"在大雪山之中"的都城，实即指今天的马斯图吉以及耶尔洪河谷最上游的地方。马斯图吉上面的整个河谷位于吉尔吉特河支流的北部，后者发源于申杜尔湖，向东流经吉泽尔和古比斯。

《唐书》中记载的有关该国寒冷的情况是属实的，最近时期关于马斯图吉的资料也提到："冬季的气候很寒冷，盖由于吹向河谷的冷风所致。"人们很可能是为了躲避这些冷风起见，常常将其粗陋的住宅局部地建造在地面以下，正像其邻居瓦罕谷地中所做的那样。这个事实正好可以解释中国史书中所述的人们冬季居住在窟室中。尽管是高海拔地区——在马斯图吉是将近8 000英尺，在休伊斯特一带则超过10 000英尺，但主要的谷地非常肥沃。而且正如一个很称职的观察者所写的那样，此地"能承载一支很大数量的人口"。主要河谷的下游部分位于马斯图吉和查伦之间，它以"高"一名而著称。该地位置非常隐蔽，少受寒风侵袭，果木繁茂，青藤绕村，自布匿至萨诺夏尔，村村如此，我对此留下了深刻的印象。对于马斯图吉的一部分"高"来说，中国史书中必定提到了该地所产的葡萄和石榴。

为了确定阿赊毗师多城的位置，下面我必须参照一下在休伊斯特上面发现的遗址的详细情况。我已经确定了该遗址的位置。中国史书中记载的耶尔洪河谷的两个地名，一个是俱位，很可能仍保存在现代高语之中。我们已经指出，"高"是位于马斯图吉以下那部分河谷的名称。这一词在喀什喀尔巴拉的各种边侧河谷中以不同形式出现，像"图里高""木尔高""卢特高"等。这种命名方式，还有"高"的派生词"高瓦尔"（用以指称吉德拉尔语），皆显示出这个词曾有过广泛的使用。在任何情况下，"俱"与"位"这两个字及其不同的汉语转写，都与下述假设相一致，即它们都是该地早期名称的音译，而"高"则是其现代派生词。

《唐书》中对俱位的记载表明，兴都库什山地区的这个小首府在唐朝反对阿拉伯侵略的斗争中所具有的重要意义。俱位的国王在《唐书》中与乌仗那和骨咄的国王们一道被提及，说他们在开元年间曾多次受到大食或阿拉伯人的逼迫，后者意欲把他们拉拢过来。但他们拒绝归顺阿拉伯，作为酬答，玄宗皇帝于公元720年派遣使节册封俱位王以王的称号，与其他两位统治者一样。显然那时马斯图吉拥有自己的君主，与揭师或吉德拉尔分治；而后者则在30年以后出现，支持吐蕃人与阿拉伯人的联合。

　　我在前面已经详细讨论了悟空的旅行，他于公元751年或752年在前往乌仗那的路上经过了耶尔洪河上游谷地。前文的讨论已是足够详细，在此仅仅提一下即已足够。但是玄奘对这地区的记载需要详细地检验一下。他在《大唐西域记》中说道："在经过达摩悉铁帝国（即瓦罕）之后，越大山之南而至商弥国。"该国被描述为方圆2 500~2 600里：

　　　　山川相间，堆阜高下。谷稼备植，菽麦弥丰，多蒲陶。出雌黄，凿崖析石，然后得之。山神暴恶，屡为灾害，祀祭后入，平吉往来。若不祈祷，风霓奋发。气序寒，风俗急。人性淳质，俗无礼义，智谋寡狭，伎能浅薄。文字同覩货逻国，语言别异。多衣毡褐。其王释种也，崇重佛法。国人从化，莫不淳信。伽蓝二所，僧徒寡少。

　　无论是孔宁汉还是魏武阳·德·圣马丁，都表达了这样一个观点：玄奘书中的这一段描述的正是吉德拉尔；而从其措辞上来看，他本人没有亲访过此地。他们的观点得到了亨利·尤尔爵士的支持，后者指出，玄奘所提到的黄砷或雌黄，仍是吉德拉尔的特产。上面谈到的《唐书》中简要记载的商弥或其另一个名称俱位，并未逃出亨利·尤尔爵士的注意力；但是仅凭他以前的一个很不充分的简要注释，对这个中亚历史地理学领域的伟大先驱来说，他还不可能领会到，所谓商弥一名的应用实际上非常有限。

在玄奘听到和记录的信息中，第一个必是与上耶尔洪河谷或马斯图吉有关。这一点很明确，可以从下述事实中看出，他提到通往该地的路程顺序，是在通过整个瓦罕谷地之后以及紧接着在叙述帕米尔之前。因此可以肯定的是，其向南行进的路，是打算从萨尔哈德经巴罗吉尔到耶尔洪河源。玄奘指出，商弥是一个寒冷的地方，地域相对狭小，人民全都是佛教徒，而全国只有两座寺院。此种范围和资源都很有限的山区，与现在的马斯图吉情况很一致。[1]另一方面必须承认的是，中国香客们所描述的那种片状雌黄，时下仍可从吉德拉尔得到。而实际情况可能是这样的：玄奘可能受到其向导们的影响，将包括喀什喀尔巴拉地区的其他地方或者整个吉德拉尔在内，都冠之以同一名称。现在吉德拉尔一词在使用上的模糊性和不正确，也可提供一个准确的例子，该地名的外延，常常被陌生人扩展至马斯图吉，尽管后者实际上是一个独立的地区，有自己的首府，而且在本土知识方面亦常保持着与吉德拉尔的差异。同时还要进一步认识到，当玄奘在这里旅行

1　玄奘所做的周长方圆估算常常都很模糊，但在这种情况下，他对周围小区所做的估测，却可以当作一个标准。像阔克叉河源处的小山地国家舒格楠（尸弃尼）和库兰，他都说其周长2 000余里。而达摩悉铁帝国或瓦罕，包括一处不比耶尔洪河谷更长的谷地，其耕地与人民亦更有限，而玄奘则给出其长度为1 500~1 600里。还需要指出的是，瓦罕谷地虽然被正确地描述为较少出产且气候比较严寒，却拥有十余座寺院，而商弥则只有两座。如果商弥可以被包括进肥沃而人口众多的吉德拉尔的话，这个寺院数着实令我们感到意外。

的时候，马斯图吉和吉德拉尔那时可能正好承认同一个君主，这就像这两地在其现代历史时期表现的那样，它们不止一次地这样做过。由此可见，玄奘本人并未访问过那里；他要么是在一种扩展了的含义上使用了商弥一名，要么是把原本属于邻近的首府地区的名称用在了他自己的记载中。在其他各方面，玄奘的描述看起来都适合马斯图吉或喀什喀尔巴拉，而且他明确提到了佛教的兴盛状况，这一点令人很感兴趣。

关于该地区的更为古老的记载，我们还可以从中国汉朝以及其他早期的史籍中找到线索。如果商弥能与这些史书中提到的双靡最终相对应起来，这方面的史料就会丰富起来。这些书中所提的双靡，是指占据了吐火罗斯坦的月氏五部之一，其首领称作"翕侯"。但《汉书》中并没有明确指出双靡的具体位置，而《北史》中则补充了一些有关记载，根据的是公元7世纪初以来的一些信息。在《北史》中，称双靡为折薛莫孙，并说它的位置在伽倍国以西，而伽倍国即相当于休密或瓦罕。但是我们可以看出，这种定位肯定不能和马斯图吉的位置对应起来，也不能和瓦罕以南的吉德拉尔的位置相对应。此外，正如我们无法确定贵霜翕侯及其都城护澡城的地望一样，我想关于双靡的位置，目前还不能确定，应展开自由讨论。我还注意到，在《汉书》中，贵霜翕侯及护澡城放在休密和双靡以西。月氏在巴达克山地区所建立的长达数世纪之久的霸权，实质上很可能会导致它向马斯图吉和吉德拉尔地区扩张，这尤其可以从直至最近时期为止的历史类同情况中看出来。

第四节 马斯图吉的古迹

我在马斯图吉土地上走过的第一天（即5月11日）的行程，显示出耶尔洪河上游这块谷地虽然地域和资源都很有限，但亦并非无任何古迹可言。经过那些小村庄阿维、梅木和米拉格拉木，我的路程已走了一半。这确实让人高兴——当我看到那些郁郁葱葱的果园和华贵的悬铃木树林，背景是边侧河谷高悬的巨大冰山，还有这些冰山所哺育出的溪流在涓涓流淌着，给这里带来了生机，这些都是一个古老文明的明证。接下来我又往前走了4英里多，就到了萨诺夏尔大村庄，它掩映在巨大的悬铃木和果树林中。当时我的注意力被吉德拉尔观察站的攀岩体能训练营地以及一处"古遗址"吸引了。

在村子和陡峭的河岸之间，完全孤立地升起了一道崎岖不平的狭窄的山冈，高出最近的田地约200英尺，形成一处天然的制高点。我被告知，此地就是萨诺夏罗诺戈尔，意即萨诺夏尔的古代城堡遗址。在山冈顶上什么也见不到，只保存一些古墓和很多碎石块，可能是古代城墙的废墟，而现在已完全颓坍。冈顶很平坦，长约350英尺，宽50英尺。在四周的山坡上，覆盖一层很厚的红陶碎片，这些碎片的硬度比在河谷中发现的陶片硬度要高得多。根据对这些稀少的遗迹的印象，以及在当地偶尔发现的青铜箭头和陌生的武器残件的特征来看，该城堡的时代明显很早。从各方面来看，该遗址的位置也很重要，它控制着对面的尼萨郭勒高地，1895年，凯利上校正是在那里打了一次胜仗，从而解除了吉德拉尔城堡之围。

在我们通过一段阴暗的河床峡谷，到达萨诺戛尔以上约1英里处的右岸之后，我被指示看一处小遗址。该遗址位于已荒废的帕尔瓦克迈丹的东端，名叫达尔巴特沙里诺戈尔，据信时间很古。传说该遗址与一个布朱尔戈有关，此人以吝啬著称。我能看到的遗迹仅包括一些废墙，组成了一个长方形的建筑，坚固而粗糙。经测量其面积约17码×21码，已暴露出的石造建筑部分高出地表以上8~10英尺。石材的一部分曾被用于建造桑戛尔，这事很可能发生在吉德拉尔人及其帕特汉联军守卫尼萨郭勒之时。再向外还可以看出四边形墙的痕迹。整个遗址位于一处荒芜的地方，远离耕种区，表明是一处寺院遗迹。夜幕降临迫使我前往马斯图吉，我已没时间做更深入调查了。

我在组成今天马斯图吉首府的诸村庄中的一个村子里停留了一天，这一天在古物方面一无所获，除非我可以这样来暗指那个老头领巴哈杜尔汗，他本身就可以算是一件文物。因为在1895年事件中的忠诚，他保住了作为耶尔洪河谷地统治者的独立地位。尽管已是八十岁高龄，但他仍充满活力，举止间体现出古代世界的礼仪。在他的治下，有6 000多户人家，他本人身上看起来正体现着一种过去了的东西，而这种东西在今天正日渐消失。这些村庄群占据的位置，正好在耶尔洪河从南面接受其第一条主要支流——拉斯布尔河之处。此外，该地还是从瓦罕、吉德拉尔和吉尔吉特通过来的道路交会处，因此它在贸易与军事上皆具有极重要的意义。这也说明了那种结构简单的方塔形城堡，作为首领的长久性住宅的用途及其意义之所在（图23）。但同时只要看一下这些村庄所丛集的赤裸的石质高原，就足以看出这里既没有足够的耕地，亦没有足够的灌溉设施来支撑历史上任何大型一点的聚落。当我着手探寻上耶尔洪河谷地早期首府的地望时，这个否定性的观点就体现了其价值。

在5月13日沿着河谷的旅程中，我得以较详细地考察了布瑞铺的古代城堡。该城堡我还在吉德拉尔时即已从迪万伯吉瓦法达尔汗那里听说过，据说它的时代可追溯到卡拉玛克或中国时期。布瑞铺是一个总名称，由一些小村庄组成，位于马斯图吉以上约14英里由奇喀淖郭勒所形成的冲积扇上。在这些小村中间有一座醒目的土丘，当地人称之为诺戈罗都克（意为古堡墩）。从其斜坡上可以明显地看出是一座人工建筑，上面沟壑纵横，显露出黏土与砾石的混合结构，与山顶上发现的墙体的情况一样。丘顶东部高出地面以上约34英尺，此处斜坡角度约为41度。土丘西坡地面缓缓地向河床倾斜，其高度比东部的要高。丘顶的堡垒呈不规则的四边形，东西两个短边长度各为103英尺和133英尺。墙壁都有一层基础或壁脚，用未切割过的大石块建筑而成，其上是土坯墙体。东面墙体的残存高度尚有9英尺，其余诸面墙皆受到严重破

图23 马斯图吉古堡，下眺耶尔洪河谷

坏，颓塌得很严重。东墙和西墙的墙基露出地面的高分别约为3英尺和6英尺。至于墙体的厚度，由于碎屑倾塌堆积的缘故，因此在没有发掘的情况下无法查清。组成墙体的土坯相对较大，土坯中含有砾石、小石子以及硬陶碎片等混合物。东面墙上有一些窥孔，间隔并不规则。

土丘的顶部并不很平坦，到处是房屋内部构造的残垣断壁，以至于现在还无法分辨出其规则的平面或轮廓。保存最好的遗迹在遗址中心附近，它由一段土坯墙修筑而成，厚2英尺8英寸，长18英尺多，高出石基以上约8英尺。土坯由黏土混合羊粪制成。这种制坯方法，现已不再使用。现存的墙体看起来不可能是当时遗迹的全部，有一些只是用粗石块和其他碎石固以泥巴筑成，显然是后来补建。小土丘的中心是一块凹地，底部低于上述墙基以下10~12英尺。这可能是人为挖掘的结果，正像我在土丘的其他地方所发现的正在进行之中的挖掘一样。村民们用此地的土来抹他们棚屋的墙基，因为据说这种土要比他们寻常获得的土更坚固一些。可以这样猜想：此地的土同样也可用以施肥，但我还不敢肯定这些土是否确实曾被用于此目的。

除了城堡的围墙，唯一还可以辨明其时代的建筑，是位于东墙中部左右的一座方形小棱堡，以及西南角上的一座圆塔，此角落处的土坯墙基向内侧倾斜，经测量其现存部分周长为27英尺。城堡的入口看起来在东墙的南端，在那里我想还能找到一座外门墙的遗迹。老堡垒的基部用规则的成层的粗石块筑成，这就使它很容易与较晚期的土石建筑的墙壁区分开来。后者这种建筑方法，可以从土丘的西坡和南坡上几处建筑遗迹上看出来，在那里这种土石建筑方法被用来修建台地，以便在上面建造墓地。在顶部遗址中和土丘斜坡上，可见到大量的陶器碎片。其表面色彩一般都呈鲜红色，比较光滑，内胎则呈暗灰或褐色。村民们说他们经常在这里发现串珠和金属箭头，但未声称有其他发现。

　　土丘的早期占据情况，可由那一厚层人工堆积物来解说清楚。这种人工遗物覆盖在土丘之上，可能整个土丘都是由它构成。在当地的传说中，含糊地称这座古堡是卡拉玛克或中国对该地进行有效管理时的遗迹。大规格的土坯使人想起喀什噶尔附近见到的那些佛教建筑废墟中的同类物，还有其特殊的构造，以及陶片的明显的硬度——从这些方面来判断，这座城堡的年代可以追溯到18世纪中叶以前，来自瓦罕谷地方面的人占据此地的时期。现在还没有发现可资断代的遗物，但尚存一点希望。在那些直至最近时期还不知道使用钱币以及少有装饰艺术品（不管是用金属还是其他坚硬材料）的河谷中，可能还会发现一些可断代的遗存。

　　令我非常满意的是，那天晚上在米拉格拉木村歇息时，有机会观察到古代工艺传统如何从古代一直保存到今天的当地手工业之中。我将我的营地建在了河岸与奥拜都拉汗家的房屋之间一座小果园里。奥拜都拉是耶尔洪河最上游谷地的代理哈克木，他的房子外表看起来像一座碎石建成的茅舍。但我很快即被房屋中一些雕刻的柱子以及一处游廊式建筑中的古雅壁画所吸引。次日上午，我又花费时间参观了这座建筑，它简直是一座当地建筑装饰及家室艺术的小型博物馆。从游廊开始即有一些精心设计的支柱，上面雕刻着装饰图案，在我眼中看来这些木雕图案又与犍陀罗艺术及其在和田古遗址木雕中反映的竟很奇妙地相似（图24）。在其柱头四边是浮雕式装饰图案，很明显来自古典叶板，这是一种装饰图案，我后来在遥远的罗布淖尔也遇见过（图25）。圆柱顶部

图24　马斯图吉米拉格拉木的奥拜都拉汗家的走廊

的顶板上雕刻着盛开中的莲花图案（图26），这在犍陀罗的装饰中也很常见，并可追踪到东面的一些地区。在柱头和顶板之间的穿插部分，要么装饰着一种叶纹图案，使人联想起一种半开的莲花；要么装饰一种回字纹图案，这在古代塔里木盆地的木刻中亦曾有其复本。在圆柱四面雕刻的菱形图案中，我可以很容易地辨识出这种图案是由那种独特的四瓣花图案发展而来，而在尼雅和达玛

图 25 装饰性木雕

图 26 莲花图案木雕

沟的古遗址中发掘出的木雕刻，证实了此种四瓣花图案曾是自公元 3 世纪以来和田佛教艺术中特别受人喜爱的装饰图案。它被用来填充那种椭圆形空当，像此种装饰法毫无疑问是来自犍陀罗的希腊化佛教艺术风格影响的结果。

同样惹人注目的还有绘在游廊墙壁上部的装饰性壁画，用赤、黑、白三色绘成，令人想起犍陀罗的希腊化佛教艺术风格及其在中亚早期的仿制品。此地时常出现的那些图案，像完全盛开的或含苞待放的莲花图案、查克拉图案以及四瓣铁线莲似的花朵图案，具有或不具有方形框子，它们看起来像是源自尼雅遗址。我清楚地记得，当我第一次在尼雅遗址发掘时，在 N.III 古代居址大厅绘有壁画的墙上曾看到过这种相同的装饰图案。所有这些图案，直至那些常用来填充角落的、被对半分开的四瓣化朵图案，皆在犍陀罗希腊化佛教浮雕的装饰图案中可以找到准确的副本。这些古代图案的再出现着实令人吃惊，因为其制作既粗糙又明显很新。实际上，奥拜都拉汗告诉我这种彩绘的装饰花纹，仅在我来访之前三四年时绘制；而游廊里的有雕刻的圆柱，他记得也是在20多年前建造。

但是更令人感兴趣的还是奥拜都拉汗家房子的内部，据说已建有60多年。在其他寝室之间还有两间很精致的房子，带有通气孔或天窗（在高瓦尔语中称作"库玛尔"），其柱子和镶板上都精雕细刻。在其中一间用作白帕什或大厅的房间里，我拍了一张照片（图16），并绘制了平面图（图27）。其建筑布局——正如那张平面图中所显示的一样，已足以吸引我的注意力。其天花板是用连续的密集的木梁做成，这些木梁围成了一系列逐渐缩小的方形。此种屋顶形制，我们知道在从克什米尔到巴米扬的广大地区的古代寺庙中，其屋顶亦是用石块这样砌筑而成。而这间房子从其平面图上来看，精确地显示出了尼雅遗址中发掘出的那些古代住宅的大厅，也应该是像这样布局。在走廊的两侧有高出地面的可供人坐的平台，平台之间即房屋的主要出入口。在走廊对面的木拱门之下，有一道更窄的平台。而整间房子中央则是一个敞开的火塘，正在天窗之下。凡此均与尼雅遗址中所常见的古代厅堂中的情况恰相一致。

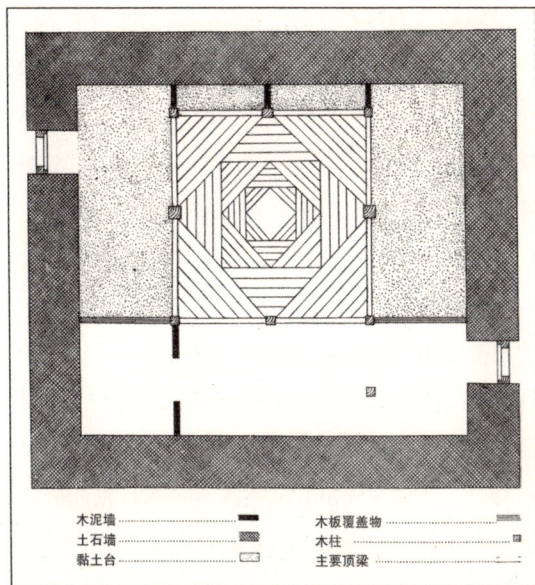

图 27　米拉格拉木的哈克木奥拜都拉汗家的房屋，平面图展现
了具有藻井结构的房间设计

　　木雕中的装饰图案细节，看起来亦是直接源自古代范本。立
柱和壁柱上的装饰图案都是一种菱形纹饰，内中主要是四瓣花朵，
常又在花瓣内部用方形或圆形框子来处理。在框沿和梁托立柱之
上的顶板，流行装饰开放的莲花图案。在西墙壁上的三根壁柱之
间的空间中央是两个壁龛，其边沿用镶板围着，显然与犍陀罗建
筑中那种倾斜的门窗侧壁相似，亦不亚于尼雅遗址住宅中的木构

建筑。装饰在这些镶板上面的三角形和波浪形回字纹饰，可很容易在塔里木盆地等古代遗址中的装饰木雕刻遗物中寻见其踪迹。也许更古老的是一种佛塔形的回纹饰，呈凸凹状，刻在组成过梁的镶板上。像此种装饰图案，在早期印度建筑装饰和希腊化佛教建筑装饰中很常见，在中亚地区亦有相同的发现。

家具上的雕刻装饰图案也很丰富和古老，毫无疑问它们都是一些当地产品，如衣箱、橱柜、箱子等。但由于时间关系，我未来得及绘图，因此需在此作一详尽的描述。在金属器物方面，有一些精致的器皿，按当地语言称作"阿普塔巴""俏甘""其拉普其"或大口水壶。从其形状和做工上来看，我很清楚即辨认出它们是来自中亚西部或和田的舶来品。这些器物的价值在于，它们证明了这些地区间存在的持续不断的贸易联系。这种情况同样也可适用于那些器物，例如珠宝首饰品中的耳环、项链、护身符（由女士佩戴的包铜护符仿制而来）等，其做工着实令我钦慕。但即使是在这些器物之中，我还是看到了一些器物，做工粗糙但又具有一些奇妙的古老图案，显然都是本地制品。幸运的是，这些古老的图案，在铺在过道两侧歇坐平台上的吉德拉尔小地毯上也可以看到。这些小地毯中的一部分我还拍了照片，照片中可以看到其图案(图16)。尽管皆为现代制品，使用粗加工的苯胺染料来染色，但大量使用的简单几何体图案明显的是起源于古代。我还注意到几种特别频繁出现的图案，像卍字符、十字、窣堵波形及仿制的希腊式回字纹饰等，其大多都可从照片中辨识出来。这些图案曾如此广泛地传播到不同地方的艺术之中，对此我充满了兴趣。我观察到，所有上述图案皆可在我从和田到罗布淖尔发掘出的古代地毯残片中，找到相同的东西。

　　奥拜都拉这座充满趣味的房屋使我感到特别高兴，这座房屋展示了仍保存在这些兴都库什山谷中的古代艺术传统。接下来的长途旅行，从米拉格拉木到休伊斯特则处处都是渐趋恶劣的气候环境，因此人类的文明不得不向更高地势的耶尔洪河谷地方发展。在翻过漫长而赤裸的岩石或碎石屑山坡之后，我们到达了吉霍甫小村，经土伊隘口到亚辛的道路正是在这里分岔。我看到了谷地中的最后的果树林，依旧像在冬季之中的样子，枝丫光秃秃的。河谷变得狭窄起来，成为光线暗淡的隘路，这种地形被当地人很恰当地称作"达尔班德"（图28），两侧均是无法攀登的高而陡峭的尖坡。在此我踏勘了那些已颓废的瞭望塔，它们分布在河的两岸，警戒着马斯图吉的这座天然门户。像此等具有明显防卫优势的地方，直至最近时期以来，必然一直在防备来自瓦罕的入侵上具有重要意义。但是还没有这方面的记载或传说，可以告诉我这个关口在过去可能目睹过的战斗。在抵达吉霍甫的一个小村庄瓦沙姆之前，我就已注意到分布在一个大冲积扇上的古代耕种遗迹。现在这些耕地已经废弃，变成一片碎石堆。除了达尔班德，我还一度被延伸开的河滩或很容易滑坡的山冈所吸引。道路正从它们上面通过。所有地方都可以辟作耕地，有一部分地段正被一片繁茂的矮树和灌木丛所覆盖。但我只在两处地方见到一些小块的耕地。

图28 达尔班德峡谷，下眺吉霍甫

接下来我转而准备着到休伊斯特能发现些什么。这是耶尔洪河谷中的最后一个村庄，一个缺乏资源的地方。我的这一期望并没有落空。我把营地驻扎在灌木丛生的河岸上，从那里我可以望见少量的梯田以及低矮的石屋。河岸对面是一条狭窄的支流的出口，该支流从里奇山口流下来，从那个山口有路可通到图里高。更令我惊讶的是大量的驮畜和人员，我发现他们都已集中在这里。

这是汗沙西布皮尔巴喀士预先筹划好的，意在帮助我运输行李辎重，走完那通往瓦罕剩余的路程。这一切被安排得井井有条，人和驮载工具都很容易地被召集起来。次日上午，在和那个能干的英国当局驻马斯图吉代表道别之后，我即启程踏上了河谷的路途。那些小径很容易通行，起初是沿着高高升起在河岸上的台地边缘行进，在那里我经过了那座名叫托普哈纳伊兹亚伯克的大瞭望塔，据说它建于100年前，以警戒瓦罕人的入侵。在高高的台地之上，我注意到那些孤立的建筑物，按当地语称作"其梯沙尔"和"伊姆奇甫"，仍属于休伊斯特地方。但在走了约3英里之后，地面上的情况开始发生变化，显示出另一种明显不同的样子。代替刚才那些窄细如线的砾石滩涂或碎石斜坡（这种地形我先前在从吉德拉尔出发以后的旅途中，已经领教过它们那令人感到压抑的单调和缺乏变化了）的是，我发现自己正走在一连串大冲积滩地上，这些冲积滩很柔和地向河床倾斜而去。这个开放的"迈丹"（我的那些本地陪同者都这样称呼它）很快扩展到了1英里多宽。这里有大量的可耕地，水源也很充足。由兴都库什山脉的永久积雪所哺育出的河流以及苏萨罗郭勒湖所提供的水源，可用来灌溉这些耕地。

这一可殖民的机遇并未被人们所忽视。在道路两侧将近有4英里长的路段内，映入我眼帘的到处都是新垦殖的耕地，灌木丛被清除掉了，散乱的宅基地和农田尚未被圈占起来。确实，这些"新土地"尚未连续起来，还有大量肥沃的土地被灌木丛所覆盖，留待开垦。在此开垦的人们居住于此的时间还不长，大约在我通过这里以前17年时，那时垦荒才刚刚开始。直到今天，居住于此的人家也不过30多户。这些住户大部分来自萨诺夏尔、图里高及喀什喀尔巴拉的其他一些地方，在那里正开始感到来自人口方面的压力。另有少量的人家来自瓦罕。正是从这些新垦殖地中，很容易地征集到了为数众多的人员和矮种马匹，对解决我们面临的运输困难问题很必要。他们目前开垦的土地看起来仅为一小部分，也许还不到全部可开垦土地的十分之一。骑行在这些肥沃的坡地上，繁茂的灌木丛夹道，现在很容易就被清除掉。我无须费劲就意识到，此地是整个耶尔洪河谷中可耕地最广泛分布的地方，它所提供的可作聚落的空间也与吉德拉尔那里的一样大。我曾从米拉格拉木的代理哈克木和其他本地仆人那里听说，这些新开垦者只拣过去垦殖过的土地开垦。对这一传说我不久就找到了清楚无误的证据：那处处留待重新占据的地面上，肉眼即可辨出那些石块构筑的墙，曾是从一度是农田的台地上清理过来的；而那些低矮的土丘，很可能标志着古代毛石建筑的居住废墟之所在。这个大迈丹或校兵场的中央部分，称作"阿不都拉汗之拉史特"（意为阿不都拉汗之平原）。[1] 我还是在吉德拉尔时即已听到一个传说，

1　此处的"拉史特"系高瓦尔语，为波斯语"达史特"（dasht）的代替词，意为"废弃之平原"。语音方面从 d 向 l 的转变，是东伊朗语言中的典型现象，而且在高瓦尔语及其同源诸方言中亦很普遍。

说在一处田野里有一块圆锥形的巨砾，那是阿不都拉汗留下来的标记，他打算建一座"诺戈尔"或城堡。

"突厥人"阿不都拉汗在吉德拉尔—马斯图吉的历史中是一个很模糊的人物。据说他在凯鲁拉之前，而又在拉伊斯或前穆斯林王朝之后。因此，作为一个统治者，他的时代应不会距17或18世纪早期太远。传说中并未断言他实际上在此地建造了一座城堡，那么在我看来这个当地名称和我听到的故事，只是一种对前朝事迹的追忆罢了。在阿不都拉汗的时候，可能曾尝试过重新占据这个古代垦殖区。这一猜测还可找到佐证。在1790年前后，穆古尔伯克曾记载过那些精确的道路测量工作，内中提及这个遗址。他说："离开夏镇之后，你需从一座木桥上跨过吉德拉尔或喀什喀尔河。在向北行进12库罗赫的距离之后，即抵达沙尔伊雅尔浑。这是一座孤立的村庄的名称，位于常年积雪的山峰脚下，那雪山的名称叫作'梯拉吉米尔'或曰'萨罗瓦尔'。"他对随后到达"阔塔尔或帕尔庇桑山口"（即巴罗吉尔）行程的描述，以及自夏站以来的距离的描述，很准确地与阿不都拉汗之拉史特遗址相一致。看来可以肯定的是，作者意指的正是这座废弃的村落，而且他必定看到了较近来开垦后更多的东西。

在阿不都拉汗之拉史特遗址之外，还分布着一条宽阔的灌木林带，沿着河床有2英里多长，都是些柳属、野杨属和桧属植物，称作"查喀尔库奇"。尽管灌木丛目前几乎已不能穿越，但可以确定它正生长在一块曾经耕种过的田地上，这可从堆积成行的石块垄堰等上看出来。桧树林前后相连，越来越窄，一直远到甘浑库奇，那里有一条溪流从一个很高的山口流下来，在这里汇入河里。那个山口可通到兴都库什山的主分水岭，直达瓦罕之沙宁。我在此地停下来过夜。从伊姆奇甫以上地方至甘浑库奇，河右岸的这种开阔地面总长度约8英里，其中最宽处约1英里。在这段路程的下半部分时，耕地恢复成了补丁块状的分布。

当我骑马穿行在这些数英里长的村落耕地废址上时，脑海中极强烈地浮现着《唐书》中有关阿赊毗师多的那段记载，它提到阿赊毗师多是商弥或马斯图吉山邦的首府。考虑到耶尔洪河流域的其他地方确实没有比这里更大一些的可耕地区，以及悟空的行纪中明确指出了拘纬的方位（阿赊毗师多系拘纬的首府）[1]，在我看来可以肯定的是，所谓"阿赊毗师多"，实则"休伊斯特"早期形式的汉语转译，该地一直为该地区提供全部的耕种土地。

我听到的当地人的意见，倾向于认为这些耕地以前之所以被废弃，是由于冰川的推进而愈益寒冷。这一点可以从自然景观上清楚地显示出来。就在阿不都拉汗之拉史特对面，有一条巨大的冰河名叫萨约斯，正将它暗沉沉的冰舌自南向北直伸向河岸（图29）。冰川顶端若从河岸望过去，足有100英尺高，据说它在最近

---

1 悟空在离开护蜜国（即瓦罕）之后，第一个提到的是拘纬国（即商弥），之后在到达犨国（应为犨多）之前，他经行了葛蓝国和蓝娑国。很明显，拘纬国的"王城"必须远置到耶尔洪河谷，方适合文中对介于拘纬和蓝娑之间的葛蓝国境的记载。我们知道，蓝娑即今之拉斯布尔。

图 29　自休伊斯特经耶尔洪河谷前眺萨约斯冰川

这几年间已向前移动了很多。然而，尽管有这种冰川的近期推进，必须承认的是人们在河右岸肥沃地带上的重新占据活动亦在持续之中——这使人开始怀疑那个有关前人废弃此地问题的当地解释的正确性了。

即使没有那个寒冷的冰山邻居，休伊斯特的气候（此地海拔约10 500英尺）也必定很冷，中国古代关于商弥的文献中早就指出过这一特征。实际上在我路经此地时（5月15日），地皮才刚刚开始发青。此外，据说这里的谷物和燕麦长得很好，而且我随后即遇到在维丁阔特附近新开垦的耕地，这地方远居河谷一隅，甚至极靠近冰川了。因此，关于先前废弃这块耕地原因的问题，目下看来可暂时搁置了。但是还存在一个很有趣的事实，即导致现在人们重新占据这块土地的主要原因（几个世纪以来，这地方曾一直被丛林所覆盖），乃是由于早些时候这些谷地中普遍感觉到的来自人口方面的压力，此外它又是大不列颠对这个国家进行平定的直接结果。但是从大的方面来看，只要吉德拉尔和马斯图吉还是几乎不间断的世族斗争和侵略的舞台，而且向邻近地区贩卖奴隶的勾当还被统治者们认作是一笔财政来源，那就明显不会有剩余的人口，来重新开垦那些早时候曾由于某些原因而废弃的耕地。[1]

我在行进了约20英里之后，来到了德尔果德冰山脚下。这时已是5月16日，在这样的早春季节没想到通行起来还这样容易。但是接下来的路途就没这么顺利了。那是一段狭窄的峡谷，两侧为悬崖峭壁及冰山所簇拥，道路仅能傍河床穿行。这段路给我一个强烈的印象是，其艰难程度这么大，积雪融化时一定会使得河

1　有一个很有意义的事实是，在罕萨，那里的人口压力长时期以来即已存在，其耕种地一直上升至查帕尔山谷地，那地方的海拔还在休伊斯特之上，而其气候状况必定也是相同的，其好处则与瓦罕等同。

图 30　自汝康岭眺望德尔果德冰川，向南望

床通道变得无法通行。而实际上，在春夏季节，这段路几乎封闭。但即使是在这些孤立而令人生畏的环境中，我还是辨认出一些早年的梯田，分布在一些边侧山沟的入河口处。这些山沟都自南而来，梯田也正好开垦在由冰山末端延伸过来的石碛滩地上。

当我们经过阔塔尔喀什冰山（它现已向右推进到河床边缘）之后，更令人惊奇的发现夺目而来。那是一些小的山窝子，地面很宽敞，位于左岸上，即使远到阔腰冰山那里也可看到它们，已被开垦成了农田。它们属于四个农户所有。这些农户六七年前从瓦罕迁居于此，住在这些呈半弓形的地方，重新垦殖这里被废弃了很长时间的耕地。接下来我还注意到另外一些地块，显露出古时的耕种梯田痕迹，尚未被重新犁掉。这些古梯田位于维丁阔特长满青草的宽阔的山肩之上，对面是雄伟的查提博依冰山，它上面还有一座名叫汝康的山冈，冈旁边的山涧水从德尔果德冰山蜿蜒而下（图30）。

第五节　高仙芝远征与德尔果德

在汝康冈山脚下，我扎了一整天的营，以准备攀登到德尔果德山口的顶峰。在我的探险记中，已经详细描述了这个山口。我抑制不住内心的激动，渴望着早日翻过这个山口，而不去理会在这样早春季节的意外暴雪之后，会有什么样的艰难和危险正等在前面。这其中的缘由就是：我热切地期望着去亲睹德尔果德山口这个令人值得纪念的地方。公元747年，唐朝将军高仙芝曾率领由3 000名士兵组成的军队，翻越了德尔果德山口，成功地远征了亚辛和吉尔吉特。

公元741年之后的若干年间，吐蕃人成功地争取过来了小勃律（即今之吉尔吉特和亚辛）国王苏失利之，使他与一位吐蕃公主成婚。在此之前，吐蕃就一直在致力于与唐朝争夺对塔里木盆地的控制权。结果正如《新唐书》所记："故西北二十余国皆臣吐蕃，贡献不入。"在由四镇节度使——唐代主管今中国新疆地区的总督——组织的三次征伐行动失败之后，公元747年朝廷指令副都护高仙芝率军与小勃律的吐蕃军作战。高仙芝的军队包括骑兵和步兵共1万人。他从安西（府治今之库车）出发，用35天时间行军到疏勒（今之喀什噶尔）。其路线可能经过了阿克苏以及从玛拉尔巴什（即今巴楚——译者）北面通过的古代道路。20多天后，这支军队到达了唐朝设在帕米尔高原上的军事驿站——葱岭守捉，其位置在今天的塔什库尔干或萨里库勒。由此行军20天后，又到达播密川即帕米尔；再行军20天到达了"五识匿国"，此地即今阿姆河上的舒格楠。

上述行军路程所需的时间，符合现在由驮畜及人组成的大商队走过相同路程一般所需的时间。但是，唐朝将军高仙芝在远离现今之喀什噶尔和英吉沙绿洲、进入一片荒凉的高原山区之后，如何设法供应他那支庞大军队的粮草？因这个问题非常棘手，可难倒任何现代指挥官。在《唐书》的列传中也特别指出："是时步兵皆有私马自随。"像这样一种给养运输情况，必定会提高唐朝军队的灵活性。但这同时也意味着，在山区间行军时的难度也极大地增加了。因为除了帕米尔高原的某些地段，一般都缺乏足够的草地，在未携带多余草料的情况下，难以供应牲畜的需要。

可能是出于战略上的考虑，以减少在这个恶劣环境的帕米尔高原地区上行军时的供给难度，高仙芝将他的军队分成了三个基本的作战单位，来进攻连云堡的吐蕃人所控制的据点。沙畹先生曾据理推测说：根据记载从连云堡前面流过的婆勒或婆勒川，应是指今之阿姆河支流喷赤河；至于连云本身，其位置应当在今天的萨尔哈德村一带。在河岸对面或南侧，从巴罗吉尔山口通过来的道路，正沿着喷赤河河岸分布过去。

由于从舒格楠到萨里库勒按梯队部署其军队，高仙芝还获得了一个战略上的优势地位。因此他能够协调其部队同时集结，对萨尔哈德的吐蕃人发动进攻，而没有不适当地将其任何一支分遣部队分隔开来单独进攻，从而遭到一支强大的吐蕃军队挫败。因为吐蕃人如果没有遇到被切割其唯一的、与巴罗吉尔的联络线之类的迫切危险，是不可能离开他们在萨尔哈德的据点的。与此同时，唐朝军队的部署，实际上已预防到了吐蕃军队向萨里库勒或巴达克山推进。高仙芝的翻越帕米尔高原的行动必定很艰难，但他拥有巨大的优势，即他控制着两条——如果不是三条的话——独立的供给线（一条来自喀什噶尔—莎车，一条来自巴达克山，最后一条来自费尔干纳）。而拥有同样兵员的吐蕃军队，则拘束在巴罗吉尔的出河口处，只有一条单一的供给线可依赖，而且这线路又充满出人意料的天然障碍。从这条道所经行的地方（亚辛、吉尔吉特、伯尔蒂斯坦）我们可以看出，它们并不能够为一支军队供应任何多余一点的给养。

在我看来，高仙芝要成功地翻越帕米尔高原，克服其行军中的困难，问题是并不很大的。而对一支曾拥有9 000或10 000人的吐蕃军队来说，要翻越德尔果德前往萨尔哈德，并在那个几乎完全缺乏本地资源的地方维持下去，情况则会是恰恰相反的。确实有意义的是，既不会在这些事件之前亦不在其之后，我们听说了吐蕃人所做的任何其他努力，以攻击唐朝在塔里木盆地的势力，其路线是从阿姆河最上游方面而来，这种进攻很频繁，并且最终获得了成功。这些事正发生在公元8世纪期间。

由于计划的果敢性，高仙芝的进攻成为可能，并最终赢得了胜利。像这种果敢精神，我认为必须得到与现在翻越德尔果德山口一样多的尊敬。研究军事史的学者们，其实应该遗憾中国的记载中并没有向我们提供有关这支大规模翻越帕米尔高原军队的组织情况的细节。据我们所知，这是唐朝军队第一次也是最后一次以一个可能大的规模翻越帕米尔高原了。但是从我们的标准来评判，不管我们怎样来看待中国士兵的战斗素质（有一点很明确的是，他们可能在唐朝时还不如今天这样严重），可以肯定的是，现代时期那些了解中国军队曾面对并成功地克服的沙漠、山地等令人望而生畏的天然障碍的人，将会不约而同地感到惊奇——对自然资源的力量，加上辛勤苦心的组织，而这些正通过高仙芝成功的行动无可争辩地得到了证实。

连云堡位于萨尔哈德附近，这一说法最早由沙畹先生提出，这一地望推定被关于那场战役的记载所进一步证实。在那场战役中，唐朝将军夺取了吐蕃人占据的要塞，并控制了这个据点所守卫的交通线。但是，鉴于我在后文中将要探讨到这一带的详细地形情况，现在的事情是只需大致概述一下即可。简而言之，在连云堡中驻守1 000名吐蕃士兵，横亘在它前面的河水为他们提供了一道天然屏障，那时河流正处在洪水时期。而吐蕃军的主力有八九千人，屯驻在南面15里（约3英里）的地方，利用山地优势扎起他们的营寨。但是高仙芝在祭祀完河神之后，挑选了一队骑兵开始渡河，他们没遇到抵抗，人不湿旗，马不湿鞍，即已渡过了河——他们没有任何损失便获得成功，这进一步鼓舞了唐朝军队。高仙芝立刻率领他的军队从山地一侧展开进攻，迫使那些守军忙于应战。吐蕃人在这场战斗中惨败，至夜间时残余军队开始溃逃。唐朝军队乘胜追击，歼敌5 000人，俘获1 000人，其余的都溃散了。唐朝军队缴获了1 000多匹马以及大量的物资和武器。至此我们可以清楚地看出，这场战斗的战场是在那座南部高起、从萨尔哈德对面朝向巴罗吉尔的河谷入口之处。

由于朝廷监军边令诚以及其他几位高级官员不敢冒险前进，高仙芝遂决定将他们与3 000多名患病和疲惫不堪的士兵一道留在后面，守卫连云堡。他自己率领其余部队向前挺进，三天后到达了坦驹岭，从那里"直下峭峻四十余里"。高仙芝料之曰："如果阿弩越城胡兵即刻来迎接我们，此即是他们已做好安排的征象。"（《旧唐书》卷一百四《高仙芝等传》作"阿弩越胡若速迎，即是好心"——译者）他担心兵士不敢从坦驹岭上下来，便运用智谋，派遣20名骑兵，假扮成阿弩越城的胡人模样，先行到山顶等待他的大军。当部队行抵坦驹岭时，士兵们果然拒绝下山，说："大使将我欲何处去？"他们话音未落，那先行派遣的20名骑兵即已前来迎接他们，报告说："阿弩越城胡并好心奉迎，婆夷河藤桥已斫讫。"高仙芝装出很高兴的样子，命令他的军队全部下山。

续行三日之后，唐朝军队果然受到了"阿弩越城胡"的迎接，并表示归顺。当天，高仙芝派出了一支由1 000名骑兵组成的先遣部队，前往小勃律用计先稳住小勃律国的首领。次日，高仙芝本人亦驱师占领了阿弩越，并处死了五六名支持吐蕃人的首领。然后他急令人斫断离阿弩越以远60里（约12英里）处的藤桥。"及暮，才斫了，吐蕃兵马大至，已无及矣。藤桥阔一箭道，修之一年方成。勃律先为吐蕃所诈，借路遂成此桥。"至此高仙芝阻止住了吐蕃军对亚辛的反攻，遂"招谕勃律及公主出降，并平其国"。

高仙芝行军的一系列路段，就我个人而言，通过在耶尔洪和萨尔哈德的旅行，我已熟知了这个地区，要确证很多地形点也更加容易了。中国史书记载中所提供的详细情况，都准确地与那条重要的交通线相符合。那条道通过兴都库什山脉之中的凹地，其范围自相邻的巴罗吉尔和夏威塔赫山口至马斯图吉河源一带，之后向南攀升至冰封的德尔果德山口，从那里下行到亚辛河谷，直至其在吉尔吉特河主河道上的入河口。前两个山口的海拔分别为12 460英尺和12 560英尺，后一个山口海拔为15 380英尺。

由于特殊的山岳形态构造，从德尔果德山口的北侧流下去有两条大冰川。一条就叫作"德尔果德冰川"，向西北方向流下，在将近8英里距离内，其坡度并不算陡，它的冰舌推进到汝康山冈之下。另一条冰川若从地图上来看显示的是一样长，但是据可靠的信息，它实际上要稍短一些。它也是逐渐地向东北方向下降，末端在肖瓦尔休尔的夏牧场以上数英里处，此地位于耶尔洪河最上游地区。这样一来，这两条冰川就为那些想从南面翻越德尔果德山口，并想继续前往阿姆河地区的行人提供了可资利用的通道。其中循着德尔果德冰川的那条通道，我在参观德尔果德山口时曾走过那里。这条冰川道一直延续到那条易行的小径那里，该小径的路线是：翻过汝康山冈之后跨过它下面的耶尔洪河，进入名叫巴罗吉尔亚依拉克的敞开的河谷中。从那里沿着一条很平缓的长有青草的山坡，上行到巴罗吉尔的鞍形山脉地方，那里有一个很有特点的名称叫达什特·伊·巴罗吉尔（意为巴罗吉尔平原）。从此地起接下来的道路也同样方便易行，它经过一座名叫札梯戛尔的小村庄，然后就到了萨尔哈德对面的喷赤河河谷。另一条路线是：在下到德尔果德山口东北面的冰川之后，经耶尔洪河中的肖瓦尔休尔草场到夏威塔赫亚依拉克的牧场，然后经夏威塔赫或撒尔金祖湖周围一条平缓的山坡，抵达兴都库什山的分水岭。巴罗吉尔和夏威塔赫的鞍形山脊是分开的，中间隔着几座宽约2英里低矮平缓的山岭。至札梯戛尔，这两条道路又会合在了一起。

德尔果德山口和萨尔哈德之间的距离，与上述两条道路的距离一样长。我最初的意图是想私下里考察一下这两条道路中分布在德尔果德冰川和永久性雪地中的路段部分。但是当我开始登山时，那时节正盛行一种极不稳定的恶劣天气，而由于季节还早以及那年春季降下的大雪，我遇到了出乎意料的困难——这在我的"旅行笔记"中已经描述过。我的计划受阻，无法实现，而原先我是想从维丁阔特一侧翻越山口，下到肖瓦尔休尔。由于仅拥有在西北路线上的个人经历，因此我无法作出判断：像目前这种天气情况，究竟在多大程度上可以验证那个关于东北路线的冰川道路部分比较易行一些的报告。但有一个事实是，帕米尔边界委员会在1895年曾携带了约600匹马运载的辎重，在东北路线上走了一个来回，从吉尔吉特来，又返回了吉尔吉特。据报告说他们损失了大量的牲畜和辎重，这显示出此地的这条多冰川裂隙以及不可靠的雪盖冰碛层的通道，被证明也是一条对交通来说充满艰难险阻的道路。不过对一支来自瓦罕方面的军队来说，由于从最近的实际的营地出发翻越德尔果德山口，走肖瓦尔休尔那条路要比走经过汝康山冈的路少攀登约1 300英尺，因此我觉得走前一条路线还是可行的。

《唐书》指出，高仙芝到达坦驹岭（即德尔果德）花费了三天时间，但没有指明唐军抵达的究竟是山麓还是山顶。如果采取后一种解释，并暗示他们采取了更快的行军速度，这样就容易说明为什么要采用三天时间来走这段路程的理由。因为，尽管夏威塔赫—巴罗吉尔凹地在夏季可以毫无困难地通过，但还没有什么军队在携带牲畜辎重的情况下，能在不足三天的时间完成自萨尔哈德至德尔果德南山脚的行军。这一段路程总长约30英里。如果我们再考虑到德尔果德山口的高海拔，以及由于冰川给登山所带来的出人意料的艰难，即使用四天时间的行军赶到山顶——正如前述第一种解释中所暗示的那样，这也不见得是一个多么宽大的期限。

将坦驹岭与德尔果德相印证的最明显的证据由史书中的那段记载提供。该记载称"直下峭峻四十余里"，这使得那些唐朝士兵自坦驹岭的高山上向下望起来感到沮丧。所有关于这个山口的描述都强调了德尔果德南坡的极端陡峭性。在那里山道上几乎都是冰碛碎屑和赤裸的岩石，在到达德尔果德村庄上面的最近的实际的扎营地之前，这山道在不过5英里的距离内，海拔下降了将近6 000英尺。我非常理解高仙芝将军的那些谨慎的"勇士"所表现出来的态度，不愿再往前推进，因为从山口顶上看下去，透过暂时的云雾的罅隙，那山谷看起来像一个深渊。在高耸入云的冰山的衬托下，那种陡峭的效果更强烈了。冰山的东南部分，穿过亚辛河谷的源头，显得像被云雾托起来的样子；而作为对比，我面前的这段山谷，其深度又是通过一座扩张开来的白雪皑皑的冰川展现开来。那冰川缓缓地向着北方倾斜下去（图36）。鉴于在中国史书记载与德尔果德的地形之间存在的那种紧密的一致性，我们无须犹豫即可认识到，所谓"坦驹"，实则"德尔果德"汉语的转写形式。在汉文的转写体系中，是允许采用这种未完成体形式的。

为克服军队的退缩情绪（它威胁到了唐朝军队看似已快到手的胜利）的计谋，高仙芝进行了精心的谋划。这体现在准备这个计划的预谋上。高仙芝深谋远虑，既洞悉其兵士心理，又极端谨慎，正是凭借着这一点，他设计出了其伟大事业的每一步。但这样一个证明很有效的计谋，必须保证不能受到怀疑。我不能隐瞒我的猜测，我是这样想的：在做此策划时充分利用了德尔果德的独特地形构造，正如我们看到的，它提供了两条进入山口的路线。如果前面派出去的假扮阿弩越城胡的小分队走的是巴罗吉尔和汝康的道路，而同时大军所走的又是另一条经夏威塔赫—肖瓦尔休尔的道路，这样才能保证在行进过程中避免被发现的机会。对显著地形的考虑一直是中国人的一个特征，所以高仙芝将军本人无疑也充分利用了这两条二者择一的路线。此处对他来说，要找几个合适的扮演者并无特别的困难，因为唐朝在中亚的军队中一直都混有大量的当地雇佣兵。

高仙芝行军路线的剩余路段同样也很容易追寻。从山口的南山脚到阿弩越城，花费了他三天的时间。这一段路程很明显对应的就是从德尔果德下面的第一个营地到亚辛村之间的距离，有24英里多。亚辛村是一个大村落，从它的位置及其周围大片的耕地来看，此地应一直是亚辛河谷地的政治中心。因此我们有理由认为，所谓的"阿弩越"应该是"阿尔尼亚"或"阿尔尼阿赫"一名的另一种形式，吉尔吉特河谷的达德人都用这个名称来称呼亚辛。

要想考证阿弩越即亚辛，最好的证据还是中国史书中的有关记载，即《唐书》中提到的那座距阿弩越城60里、横跨在娑夷河上的藤桥。在《唐书》有关小勃律的记载中，称其国王城孽多临娑夷水，亦即今之吉尔吉特河。现在参照地图就可以看出，自亚辛沿河谷而下约12英里（约60里）后就到达吉尔吉特河。另外可以明显看出的是，由于唯一可行的通往吉尔吉特和印度河方面的道路，是沿着吉尔吉特河的右岸或南岸，因此从那个方面匆忙赶来的吐蕃增援部队，首先必须渡过河方可到达亚辛。这就解释了吉尔吉特河（娑夷水）上的那座桥的重要性以及唐朝指挥官采取果断措施摧毁这座桥的意义所在。因为吉尔吉特河在夏季无法涉水而过，摧毁这座桥就足以保证顺利地夺取亚辛了。

有关其后平定小勃律以及高仙芝班师回朝的记载，我们在前面已经讨论过。根据《唐书》记载，这个凯旋的将军带着被俘虏的小勃律王苏失利之及其王后胜利地回到了长安。皇帝宽恕了勃律王，将其置于唐朝的保护之下。但他的国家被改置成了唐朝的一个军区，被称作"归仁"，朝廷在那里设立了一个1 000人的军镇驻守。高仙芝远征的成功，必定给周围其他地区造成深刻的印象，这些都充分地体现在《唐书》的有关记载中："于是拂林（叙利亚）、大食（阿拉伯）诸胡七十二国皆震恐，咸归附。"

正是因为成功地翻越了帕米尔高原和兴都库什山，克服了令人难以置信的艰难险阻，唐朝军队在中亚的这最后一次成功远征广为传布开来。能亲眼看到阿姆河极上游的德尔果德一带的自然环境，与《唐书》中关于高仙芝远征的记载竟那样的相符合，我感到非常满意。若单纯从所遭遇并战胜的物质上的艰难程度上来评判，这位卓越的高丽裔将军高仙芝所取得的成就，完全值得与欧洲历史上那些大名鼎鼎的指挥官的伟大登山功绩相提并论。他第一次也许是最后一次，率领一支有组织的军队，径直翻越了帕米尔高原，并成功地突破了拱卫亚辛和吉尔吉特防止北面入侵的那些巨大的山脉屏障。对这位领导者的能力和才干的尊崇，必定会随着人们对史书中不加掩饰的记载所透露出来的其下属的传统性的衰弱的认识进一步增长起来。

第三章

从阿姆河到和田

第一节　早时期的瓦罕

1906年5月19日，我翻过巴罗吉尔鞍形山峦下到了瓦罕谷地。它那延伸开来的长长河谷从一开始就吸引着我，是我旅行中最感兴趣的路段之一。我触到的这块土地——瓦罕，它不仅是伊朗的最东端和阿姆河的源头，也不仅是因为我从年轻时起即对那些令人激动的、充满历史情趣的地方一直心驰神往，我还知道，我脚下的这块土地从最早时期开始就是连接西亚古典世界及中亚内陆并直到远东的主要路线。

大自然本身——正如它所表现的那样，看起来是想把瓦罕塑造成自肥沃的巴达克山地区至塔里木盆地南缘绿洲线之间最便捷的通衢。沿着阿布·伊·潘加（喷赤河）谷地，从与巴达克山道路相交会的伊什卡希姆一直到萨尔哈德，总里程将近120英里，而极便利的地面状况以及耕作的存在，使这段行程变得更加顺利。的确，除了萨尔哈德，喷赤河被局限在一个狭窄的峡谷中，有两日费劲的路程。但是再往下过了小帕米尔到瓦赫吉里山口处，道路就变得宽敞起来。瓦赫吉里山口一年中有一段很长的开放时间，可以很容易地通到萨里库勒，这地方位于叶尔羌河源处，乃极西处有人居住的河谷。作为自西向东的一条重要通衢，瓦罕谷地还可进一步从下述事实中得到加强，即萨尔哈德以上的那两日艰难路程，可以另外选择某种程度上较长的路线来避免。这条路线是：沿喷赤河的北支流上行至大帕米尔，然后穿过小帕米尔到达萨里库勒。其间需要翻过一个或另一个山口，它们都比瓦赫吉里山口要低。

　　对连接阿姆河及塔里木之间最便捷交通线上的瓦罕位置的确定，应该归功于与其有关的相对丰富的早期历史记载，这些史料可以从中国编年史家和旅行者的记载中搜集出来。其中最古老的史料可能要数《汉书》中所提供的了。它提到在征服阿姆河以南地区之后的大月氏族，有五个由叶护（翕侯）统治的领地，其中第一个即休密。休密在《唐书》中作护蜜，从《北史》中的一处记载来看，它很可能就是瓦罕古名称的早期转译形式。《北史》中的这段记载是从有关古代月氏的更早时期的史料中转录过来的，它说得很清楚，称休密位于莎车即今莎车以西。《北史》成书于公元7世纪早期，在书中称休密为伽倍，其首都仍名和墨，与《汉书》

中同。

对瓦罕的最早记载，由宋云及其同伴慧生的行纪提供，他们于公元519年在从萨里库勒到乌仗那的路上经过了瓦罕谷地。宋云描述道：在从汉盘陀国（即萨里库勒）一侧翻过葱岭或帕米尔之后，他们于九月（即西历10月）中旬进入钵和国境内（即瓦罕谷地）。从宋云描述的"高山深谷，险道如常"中可以看出，他所走的很可能就是下行至喷赤河到萨尔哈德的路。因这段描述更适合这条路线，而不太合那条经大帕米尔的路。在下文中他继续写道：

国王所住，因山为城。人民服饰，惟有毡衣。地土甚寒，窟穴而居。风雪劲切，人畜相依。国之南界，有大雪山，朝融夕结，望若玉峰。

《北史》中保存的慧生对此地的描述更贴切，也增加了一些有用的细节：

钵和国，在渴槃陁（即萨里库勒）西，其土尤寒，人畜同居，穴地而处。又有大雪山，望若银峰。其人惟食饼麨，饮麦酒，服毡裘。有二道，一道西行向嚈哒，一道西南趣乌苌（即乌仗那）。亦为嚈哒所统。

这段文字中指出的通往巴达克山和马斯图吉的道路的方向，

足以证明钵和国地即在今瓦罕谷地之中。这两位朝圣者对这个国家所作的一般性描述都同样令人信服，因为他们所描述的钵和的显著特征，很容易就可得到辨识。从伍德以后的所有现代旅行者，都记录了瓦罕的严峻气候环境，其凛冽的风以及恶劣的生存条件。对位于南部的大雪山的描述，也非常贴切地反映出雄踞在所有河谷之上的兴都库什山主脉的英姿。甚至他们用玉或银对山峰所作的比喻，看起来也确实与当地的颜色相符，这可从人们对当地语"伯勒"一词的通俗解释中表现出来。该词从早些时期以来即具有多种的形式，使用也很含糊，一直与南部的山区联系在一起，而传统上它可能一直与"水晶"一词有关。但是也有可能的是，"钵和"一词本身，正如马迦特教授所提出的，或许是试图用来指称"瓦罕"——这在公元9世纪时一个穆斯林作家的著作中已经有所发现。

公元658年，西突厥被唐朝征服之后，其所属的中亚领地被纳入了唐朝的版图，瓦罕亦以同一个"钵和"名称，出现在唐朝行政区名单中。钵和连同娑勒色诃城，在那时是作为建立在护蜜多国的一个行政区的一部分，该王国地当今瓦罕谷地。《新唐书·西域传》中有一段记载，提供了这个地方的全部情况。部分是基于玄奘《大唐西域记》，这在下文中还要讨论。《新唐书·西域传》记载：

护蜜者，或曰达摩悉铁帝，曰镬侃，元魏所谓钵和者，亦吐火罗故地。……横千六百里，纵狭才四五里。王居塞迦审城，北临乌浒河。地寒洌，堆阜曲折，沙石流漫。有豆麦，宜木果，出善马，人碧瞳。……地当四镇入吐火罗道，故役属吐蕃。

我们无须详细论证即可看出，此段文字所提供的地理学资料与瓦罕的情况有多么接近。其中对经过此地的交通线以及吐蕃在一个时期内对本地的影响的记载，无疑具有明显的历史学价值。关于其都城塞迦审，其位置无疑即今天之伊什卡西姆，这地方系瓦罕极西部的一个大村落群。《唐书》中所提供的以及此处简要概述的史料，一方面既有助于说明唐朝在公元7—8世纪对瓦罕地区的控制，另一方面又显示出曾在当地统治家族中流行的强烈的突厥影响，而这种影响可能通过与巴达克山地区的密切联系得以实现。公元656—660年，当这个地方变成唐朝的一个行政区，其国土被改成鸟飞州、国王被册封为行政区长官时，他的名字亦被冠之以突厥封号"颉利发"。《唐书》中还提到，公元720年，护蜜的国王还被皇帝授予一连串的突厥语名字和称号，升职晋级。公元728年和729年，又记录了国王向朝廷贡献方物；公元741年国王护真檀觐见皇帝。

大百科全书《册府元龟》中保存有一道朝廷授予护蜜即瓦罕的来使的名誉晋级令。该使节系受到护蜜的统治者的派遣，前来朝廷以表达与吐蕃人绝交的愿望。此事发生在公元742年。据此可以看出，在高仙芝开始他那值得纪念的公元747年的远征，以封闭吐蕃通过德尔果德和巴罗吉尔山口的前进路线之前，护蜜感受到了吐蕃入侵的压力，可能是作为这次伟大胜利的结果，护真檀在公元749年再次前往长安，并得到唐朝侍卫统帅的荣誉职位。直至晚至公元758年，史书中还有关于瓦罕"国王"前来长安朝见的记载。在这一整个时期，瓦罕都直接依附于吐火罗斯坦，正如现在它常分担巴达克山的政治命运那样，这种状况可通过吐火罗叶护的兄弟递交给唐王朝的一份请愿书上清楚地看出来。这件事发生在公元718年，这份文件保存在《册府元龟》中。这份请愿书声称，护蜜是首府地之一，在过去世世代代一直承认吐火罗的宗主权。

护蜜与吐火罗之间的密切关系，在玄奘有关瓦罕的行纪中亦有详尽的记载。公元642年前后，玄奘在从巴达克山前往帕米尔和萨里库勒的路上，曾经行达摩悉铁帝国。关于此地与瓦罕之间的地望考证，最先是由孔宁汉将军提出来，并为其后所有那些像德·圣马丁和尤尔等人在阐释玄奘的这部分行程时所接受。虽然目前仍没有对达摩悉铁帝一名一个令人满意的阐释，但从《唐书》中已做引录以及《大唐西域记》的一条注解中指出该地的本土名称即叫护蜜等情况来看，所谓"达摩悉铁帝"一名，无疑即是用来指称瓦罕。同一个注释还指出了护蜜的另一个名称"镇侃"或"镬侃"（应为镬偘——译者）。后一个名称还见于《唐书》的记载中，可以看作是对"瓦罕"一名的另一种尝试性转译。

"达摩悉铁帝国"，《大唐西域记》如是记载：

在两山间，覩货逻国故地也，东西千五六百余里，南北广四五里，狭则不逾一里。临缚刍河（阿姆河）。盘纡曲折，堆阜高下，沙石漫流，寒风凄烈。惟植麦豆，少树林，乏花果。多出善马，马形虽小，而耐驰涉。俗无礼义，人性犷暴，形貌鄙陋，衣服毡褐。眼多碧绿，异于诸国。伽蓝十余所，僧徒寡少。

《大唐西域记》又说：

昏驮多城，国之都也。中有伽蓝，此国先王之所建立，疏崖奠谷，式建堂宇。此国之先，未被佛教，但事邪神，数百年前，肇弘法化。

伽蓝大精舍中有石佛像，像上悬金铜圆盖，众宝庄严。人有旋绕，盖亦随转，人止盖止，莫测灵鉴。

玄奘精确指出了瓦罕谷地狭长的地理特征，与地图上显示的或现代旅行者们所描述的非常一致。但河谷自东到西的长度，则是估计过高了。因为从瓦赫吉里山口到伊什卡西姆的路程，即使估计道路的崎岖以及萨尔哈德上面的艰难路段，全部路程最多不超过200英里。关于沿整个河谷的可居住地带的相对狭窄性，玄奘的行纪中说得很清楚。但我们必须记住，玄奘本人并没有机会去亲自测验这主要谷地的长度，因为他翻越帕米尔的路线是在兰加尔基史特那里，向上行到维多利亚湖。玄奘所走的路线，一般都局限在现在的道路范围之内。他对这些道路的描写，充分反映了沿途的实际情况：交替出现的不同地貌，砾石覆盖的冲积扇、起伏的山峦、延伸开来的河滩，上面是农田和绿草地。

玄奘对瓦罕的物产的描述也非常准确。所有到过此地的人都赞同这样一个观点：这谷地中肆虐的春夏季节难有停歇的大风，很不利地影响了这地方的气候和植物的生长。但正因为此，这艰难的地方生产出了一种富于忍耐性的东西——这具体可体现在那种瓦罕矮种马身上。它虽然体形瘦小，但极富于坚韧性，对此我本人已有足够的体验。瓦罕的特色还时常表现在当地恶劣的气候条件以及人们粗糙的服装上。这种用羊皮羊毛制成的服装构成了瓦罕人唯有的财富，并赋予这个高寒地区河谷的当地居民一种艰辛、粗蛮的气质。可能没多少问题，玄奘见到的瓦罕人像现在一样，属于那个以阿尔卑斯人类型为代表的盖尔查支系，他们从很早时期以来就占据了帕米尔高原的西麓和南麓。我见过的瓦罕人就像其近邻萨里库勒人一样，体现了纯种的伊朗山地塔吉克人的所有体质特征，人体测量方面的记录以及我拍摄到的照片都证实了这一观察。金发碧眼在他们之中很普遍，这证实了玄奘行纪中的有关记载。由于玄奘是从喀布尔那边过来，那里的人们种族成分中曾强烈地受到伊朗因素的影响；然后他又经过吐火罗斯坦，而那里的原始伊朗种族在连续的时间内，曾遭受过来自突厥人及其他外来血统上的显著混血，故而在进入瓦罕之后，这里的居民在容貌上的改变，在这位朝觐者看来非常显著。

德·圣马丁第一个认识到玄奘所说的昏驮多与今天汉都德的对应关系，这是一个大村庄，位于喷赤河的两条支流交汇处以下约20英里处，至今仍被当作瓦罕四个行政区之一的首府。该地的地理位置的重要性，可以从现今之堡垒村对面的一座古堡遗址上看出来。伍德曾提到过这座古堡，属于伊斯兰时期以前的遗迹，在当地被称作"扎木尔伊阿提什帕拉史特"。这里有大量的耕地以及丰美的牧场，由于有这方面的优越性，据说瓦罕的统治者们曾一度打算将政府的驻地从基拉·潘加迁移到汉都德来。这里是否仍然保存有玄奘记载中所提到的佛寺遗迹，只有在当地的调查才能证实。

唐朝时期中国文献中最后一次有关造访瓦罕者的记载，应该算是悟空的行纪了。公元751年，悟空从喀什噶尔出发，在前往拘纬即马斯图吉的路上经过了这个地区。这位西行者的记载一贯都很简练，将自己的记载局限于仅仅提示一下。在一连串地经过"葱岭""杨舆山口"及"播密川之五赤匿（亦云式匿）国"之后，他到达了护蜜。五赤匿（或式匿）即今之舒格楠，播密即今帕米尔，悟空将这二者相提并论，可能只是用来指明它们也都可以算作是从属于阿姆河流域的那个山区首府。在《唐书》有关识匿的记载中以及玄奘对尸弃尼的描述中，都适当地指出了舒格楠强悍的山民们的劫掠性。直至现代，他们依然还保持这种习性，时不时地越过帕米尔进行劫掠。此外，考虑到悟空对葱岭的记述，我们可以清楚地看出他经行的路线中有萨里库勒。从那里起他可能通过耐札塔什山口以及大帕米尔到达瓦罕。

在悟空的行纪之后，中国方面关于帕米尔及其周围地区的资料中断了将近千年之久。但是从瓦罕起经过这地区的道路，在伊斯兰时期也一直保持着其重要性，这可以通过中世纪最伟大的旅行家——马可·波罗得到证明。马可·波罗经帕米尔到"可失哈儿"国即喀什噶尔的行程，在此仅简要谈谈他关于从巴达克山到帕米尔的道路都告诉了我们些什么。他写道：

> 从巴达山首途，骑行十二日，向东及东北溯一河流而上。此河流所经之地，隶属巴达哈伤主之弟。境内有环以墙垣之城村，及散布各处之房屋不少。居民信奉摩诃末，勇于战斗。行此十二日毕，抵大州，宽广皆有三日程，其名曰哇罕。居民信奉摩诃末，自有其语言，善战斗。有一君主名曰那奈，法兰西语犹言伯爵也。其人称潘于巴哈伤君主。

亨利·尤尔爵士的推测确实很正确，他认为：

> 马可·波罗从巴达克山以来沿水走的河，无疑即阿姆河上游，当地称作"潘加"……确实，要想从巴达克山那边到达这条河，必须上行到另一条河流，逾伊什卡西姆关。但出于叙述上的简明扼要起见，我们也必须要求有这样的压缩。

这位大评论家还同样准确地认识到，马可·波罗上述这段话中，指明了迄今为止一直在阿姆河谷地中流行的那种相同的政府体制。在那种体制下，大部分依附于巴达克山的山区，包括伊什卡西姆和瓦罕在内，都不直接受弥尔统治，而是由弥尔的亲属或联合占有这些地区的世袭首领来治理。此外，关于马可·波罗所记载的巴克山与"瓦罕"之间的12天行程，我想如果它是指从首府到首府之间的距离，那就很容易理解了。因为从巴哈拉克（瓦杜吉河上之巴达克山旧都）到基拉潘加的路程，正好是12天。

马可·波罗的行纪中关于其旅行的下一段路途的描述，还指出了基拉·潘加在他那个时候（今天亦如此）就是瓦罕的首府地：

离此小国以后，向东北骑行三日，所过之地皆在山中。登之极高，致使人视之为世界最高之地。既至其巅，见一高原，中有一河。……此高原名称帕米尔。

这里给出的方位和细节性描述，清楚地指出了所谓平原即大帕米尔平原，大湖即维多利亚湖，并指出了它们的特征。从兰加尔基史特到麻扎塔帕，其间路程约62英里，正好与马可·波罗提到的三日路程相一致。前一个地点是阿布·伊·潘加河（喷赤河）北支流上的最后一个村庄，位于基拉·潘加向上约60英里；后一个地点据说是大帕米尔平原的起始点。

从马可·波罗将瓦罕描写成一个大州，宽广皆有三日程来推

是天以此贼赐我也。"遂登山挑击，从辰至巳，大破之。至夜奔逐，杀五千人，生擒千人，余并走散。得马千余匹，军资器械不可胜数。

　　我曾从上文中分析了唐朝军队所走的路线，以及高仙芝三日行军到达坦驹岭，由此证实了沙畹先生关于吐蕃连云堡位于今萨尔哈德附近的考证。从关于渡河的描写中还可以清楚看出，唐朝军队集结的地方在喷赤河右岸即北岸，那里分布着构成现今萨尔哈德的村庄，而所谓连云堡正位于对面的左岸上。我在《古代和田》中已经简要讨论了关于那次远征的记载，并表达了我的看法，即我相信连云堡以南15里吐蕃主力所据守的位置，必须到萨尔哈德对面流入喷赤河、向南又通达巴罗吉尔和夏威塔赫山口的河谷中去寻找。我还推测高仙芝除了受到成功渡河的鼓舞外，他应该把他的胜利主要归功于在侧翼的迂回运动。他的军队借此占据了制高点，进而成功绕过敌人的防御线——而我们知道在这条线后面，吐蕃人正等待着他们。

　　据我在5月19日从巴罗吉尔下行所见到的那条通往阿姆河的河谷，以及两天之后我在自西南夹峙那条河谷出水口的侧翼山地中所做的调查，证实了我的上述观点。这条河谷连接着从巴罗吉尔那面通过来的路，在最南端的村庄札梯夏尔附近变得很开阔且易行。那里有一座废弃的瞭望塔，显示着人们在一直关注着这一条路的防卫问题，即使现代时期也是如此。再向下一些河谷谷底逐渐地变窄起来，尽管仍然易于通行。其范围从札梯夏尔下面约2英里处开始，直到庇特喀尔的那些散居的人家以外，这一段峡谷的宽度缩减到0.33~0.5英里之间。峡谷两岸是高大而陡峭的岩石山壁，它们是从兴都库什山主分水岭延伸过来的山鼻子的最后余脉。这峡谷的天然屏障看起来正好为吐蕃人提供了有利的位置，使他们得以扼守通往巴罗吉尔的通道，并以此守卫住他们与印度河谷地方面仅有的交通线。从峡谷的宽度上或许可以说明中国史书中记载的以相对大数量的兵力守卫在敌军主要阵线上的原因。峡谷底部地面很松软，几乎达到很平坦的地步。夏天，上面覆盖着青草，而到了春天，由于排水不畅致使地表变成一片沼泽——这种情况或许可以解释，为什么守御的军队要使用栅栏这种初看起来在这些山地中显得相当奇怪的防卫方法。考虑到萨尔哈德附近在所有时期一直都缺乏木材，很有可能《唐书》译文中提到的栅栏，实际上就是一些用松散石块建成的墙或称山夏尔。这一观点又一次勾起了那种风险，即怀疑中国史书中在缺乏对当地的知识的情况下，对那些准拟的地形点的记载的准确性。一方面，我发现这峡谷中的独特地面状况，使那种沉重的石墙建筑显得不可取——如果不是特别困难的话。另一方面，我随后的在阿布·伊·潘加的旅行则显示出，尽管萨尔哈德一带像我推测的那样缺乏木材作建筑材料，但在硝尔和巴哈拉克河入河口一带向上一日行程的地方，那里有一段狭窄的河谷，生长着柳树及其他丛林。这些木材在用河水漂运下来之后，可以很好地用来作栅栏。最后是关于这些栅栏的位置问题，看起来它们与现代时期所发生的两个战例非常相符。这两次战斗一次是在1904年，地点是古鲁，另一次是同一年在卡罗拉。这两次战斗都暴露出吐蕃人由来已久的典型的防御方式——在河谷的开阔地上横着筑起一道墙，然后人们躲在后面等待攻击。我已经注意到连云堡之战与发生在1904年的那场战争之间惊人的相似性。当时藏人的战略亦是试图阻挡英国派遣的军队向前推进。在古鲁和卡罗拉，较大数量的西藏军队集结在一起，满足于把兵力部署在河谷的开阔地带，隐藏在石墙的后面，却放任其敌人去占领侧翼的制高点。这样一来，即使正面前锋线上勇敢地战斗，也无助于挽救其失败的命运了。

现在剩下来的问题是，庇特喀尔峡谷是否能够遭到来自其侧翼高地上的攻击——就像中国史书记载中明确指出的那样呢？在东边的这样一种迂回移动的可能性，明显会被极其险峻的侧翼山峦所阻止。另外还有下述事实：阿布·伊·潘加河夏季的洪水会使萨尔哈德上面那段极狭窄的河谷变成一道天堑，从而使唐朝军队在从河北岸展开进攻时无法越过那些山峦。但我感到满意的是，我从瓦罕向导们那里听说到，在向西伸展的侧翼山冈的陡峭的山顶上，几乎正面对着庇特喀尔，有一处古代城堡的废墟，名叫坎斯尔。在单独一天的停止旅行期间，我过于忙其他事，对那里没有做一次近距离的勘察，而这座古堡有可能正是吐蕃连云堡遗址之所在。我感到很遗憾，我在萨尔哈德的这一天停留本来可以做到这一点。我那些消息灵通且乐于助人的当地向导，沙喀德阿克沙喀勒、穆巴拉克沙等人，对那片开阔但部分被水所漫的平地上有否古迹一无所知。那片平地位于从巴罗吉尔过来的河谷谷口，濒临河水，易被阿姆河水淹没，河水分成无数的汊道漫流着，总宽度有1英里多。因此即使有古迹，也不大可能保存很长时间，而且《唐书》中分明还告诉我们"城下有婆勒川"[1]。

尽管连云堡的确切位置尚未被确定，但我在萨尔哈德的短暂停留已足以使我相信，当地的自然条件与高仙芝将军远征中横渡阿姆河的细节竟多么相符。这河水在夏季泛滥季节，必定呈现出一副骇人的面孔，向着萨尔哈德一带宽阔的谷底漫流过去，给人留下深刻的印象。但是河水的这种分流即使是在夏季也常使得渡河变得可能起来。人们可以在早晨涉水过河，那时由于夜间的冷凝作用，影响到阿布·伊·潘加河源头的冰川和积雪的融化，使融雪带来的洪水暂时减少。《唐书》也明确指出，要想渡河必须是在早晨一个很早的时候——这就解释了一次特别艰难的行动为什么会获得完全的成功。

5月21日，我得以追寻到高仙芝将军远征的剩余场景——我访问了据报告位于俯瞰着从西面过来的巴罗吉尔溪流入河口的陡峭山鼻上的堡垒遗址。在骑马经过平坦的沙地和沼泽，然后循着庇特喀尔峡谷平坦的谷地走了约3英里之后，我们下了马，把它

---

1 "婆勒"一名，与"娑勒"一名是相一致的，指的是护蜜或瓦罕的一个城镇，也是在公元658年后建立的行政区或州中之一的钵和州首府。这两个首写字"婆"和"娑"在中国文献中常常互混。"娑勒"一词，也许可能是对"撒鲁格·屈盘"一词第一部分的尝试性转写。撒鲁格·屈盘系萨尔哈德地方的旧称。

们留在一片绝对无法翻过的岩壁稍南面一点的地方，从那里向东可以俯瞰到庇特喀尔。然后在几个瓦罕人的引导下，我和奈克·拉姆·辛格一起，向上爬到西面山鼻子的顶上，这仅用一小时即攀过这段陡峭的岩石山坡。山顶上是一块倾斜地，高约300英尺，在山顶的最北部遗存着坎斯尔古堡遗址。在墙和棱堡占据的狭窄山脊与向西南方面延伸出去的尖坡之间，有一段宽阔的下坡，看起来为通向阿姆河上之喀尔喀特村提供了一条途径。

　　显然，正是为了护卫山下的道路起见，才在这块暴露的高地上修建了这座小城堡。城堡的北面和东面是无法攀登的断崖，断崖面朝阿姆河主河谷和庇特喀尔峡谷谷口，因此无须再建防御设施。从古堡到庇特喀尔峡谷谷口，有1 600~1 700英尺远。山顶西侧山脊向南的狭窄地带上修建了一道防护墙，长约400英尺（图31）。有三座棱堡面向西南方向，一座在最南端上，依然矗立着，部分保存很好，高30多英尺。相连的幕墙或间壁破坏较严重，通过其墙基有通道通向斜坡，小城堡内部的建筑却无痕迹。

　　城堡遗迹呈现出一副古老的样子，但唯一明确的古迹是那道城墙建筑。墙的核心部分是排列得很紧密的粗石块，外面包一层坚硬的土坯。土坯中间夹杂有很规则的薄层灌木枝，将土坯层分隔开来。土坯未提供年代上的证据。但从那种系统地使用灌木枝层上来看，我却可以辨认出这种独特的建筑方式，在塔里木盆地的古代中国建筑中，我已经熟悉了这种建筑方式，而且随后我即在中国西部地区寻找到了其踪迹。毫无疑问，它是为了保证墙体

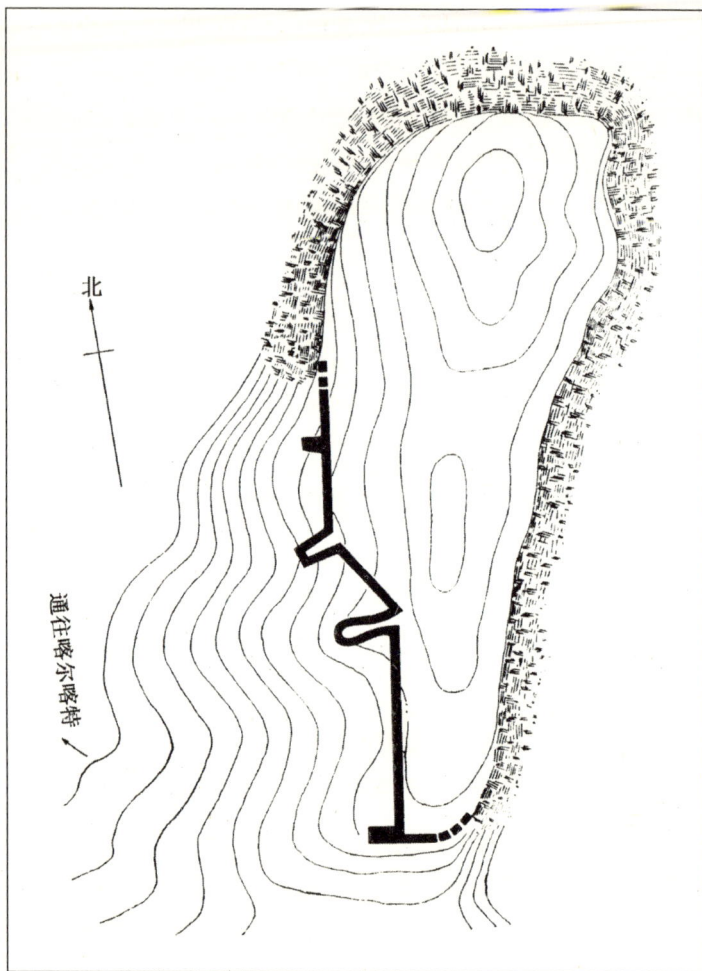

北

通往喀尔喀村

图31　坎斯尔堡垒遗址平面图

的坚固性而设计的，尤其是在特别干燥的气候条件下。正如我随后在罗布淖尔附近以及敦煌烽燧遗迹中的考察所证明的那样，这种建筑方式，必始于古代中国开始向中亚细亚扩张之时。但我后来在米兰和麻扎塔格的发现也显示出，唐朝时期吐蕃的入侵者们在建筑他们的城堡时，也未忽视去复制他们在这些地区的中原前辈和对手所发明的建筑计谋。因此，在缺乏其他遗迹的情况下，仅凭这一处考古遗迹本身，尚不足以就有关坎斯尔城墙建筑是否应归属于吐蕃在瓦罕的入侵者所建，还应是高仙芝远征后几年间由唐所建（当时他们已占领了通往小勃律或亚辛以及印度河流域的道路）这一问题下最后的结论。

总之，地形方面的观察使我倾向于第一种推测。要是从庇特喀尔峡谷那面往上攀登，占据在这山冈顶上以警戒从巴罗吉尔方面过来的敌人的军队，并不需要建筑防御墙来击退敌人的进攻。而且在坎斯尔山脊上设防，从战术上来讲也不适合这一目的，在靠南一些的山顶线上还可以提供更坚强的位置。但是如果坚持从阿姆河一侧展开进攻，情况就不同了。在那种情况下，坎斯尔山脊面西的部分就会在侧面提供一个方便的位置，以控制那条从喀尔喀特过来的路，在它通达冈顶南面那段便易的坡地之前就切断它。如果我们接受地面本身显示出来的这种状况，那仍然还存在着与下述问题有关的疑问：坎斯尔城堡是否在高仙芝通过在山地侧翼的迂回攻击而攻克吐蕃人的主要阵地之时即已存在，还是由吐蕃人所建——当若干年后唐军最终撤退之后他们又重返这个地方，而且他们或许正急于避免再发生过去那种对这个优越据点的成功的迂回包抄一类的事件？

在我的"旅行笔记"中，记述了我从萨尔哈德到小帕米尔，并于5月27日抵达阿姆河真正河源以及位于阿姆河和塔里木盆地之间分水岭上的瓦赫吉里山口的行程。对这条穿过帕米尔高原的道路所表现出来的历史地理学兴趣，我以前曾谈到过。只有两个地点提供考古学观察的机会，这两个地点皆位于萨尔哈德上面的第二个休整站附近名叫兰加尔(意为歇宿的房屋)的地方。"兰加尔"系突厥语，这个名称取自一处泥土圆顶建筑遗迹，但该遗迹并未显示出年代方面的迹象。在抵达兰加尔之前我至少注意到三处地方，位于河右岸小河相冲积台地上，遗存有曾经被平整后用作田地的迹象。萨尔哈德的瓦罕人对这些早时期的聚落遗迹记得很清楚，并认为它们的废弃乃因该地区日益变冷的气候。但是考虑到在一个海拔近12 000英尺的高地，其气候必定一直都很恶劣，因此看起来作下述推测倒显得有理：先前对该地区的占据可能是因为瓦罕地区人口的巨大压力所致，而且还可能是由于经过这条联系着阿姆河和塔里木盆地的道路上的更大量的交通所致。我在其他地方已经指出，在阿布·伊·潘加、兰加尔以及从达夫达尔向下到塔格都木巴什河谷，曾有过多少个永久性居住点，支撑着这条沿阿布·伊·潘加河极上游河谷过瓦赫吉里山口的道路，为定期的商队运输提供方便。

真正具有考古学兴趣的一个地方是在我的下一站行程，从兰加尔到博札伊拱拜孜的路上。我们走了约10英里路程，经过一处名叫达什特伊米尔札穆喇德的山间低地以及狭窄的河流冲积台地；当我从起伏的下坡路上的一座小山冈上第一眼瞥见小帕米尔之时，再稍前行我们就接近了那处保存很好的被称作"喀尔万巴拉什"的小建筑（图32）。

图32 小帕米尔博札伊拱拜孜附近的喀尔万巴拉什废墟

当地有一个传说（我已经听说过），说的是为古时候一个商人死去的儿子建造的坟墓的故事。这个传说说明了这个名称的来历。遗迹虽然很小，但这样一个具有明显的年代和坚固建筑的遗迹必定会引起人们的注意。它包括一个长方形的房间，从外侧平面测起来其东北和西南墙长度为10英尺，另两面为9英尺。为坚固起见还抹有一厚层灰泥。在大约12英尺高处，有少量穹顶遗迹。遗迹内部有一个小房间，长5英尺，宽4.5英尺，东北面有一道宽2英尺的入口。从地面以上1.5英尺处开始，房间墙壁逐层内缩，构成了一个穹隆顶。

我很快就被建筑的外部结构所吸引，它明确地被分成了三层，每层顶部都用很大胆地突出来的楣隔开。成层建筑、穹隆顶以及粗糙但坚固的砖石结构特征，立刻使我想起了托勒小佛塔的有关特征，二者非常相符。那座小佛塔是我1900年从罕萨前往帕米尔时，在兴都库什山南部见到的最后一处佛教遗迹。它有一座明显的塔座，10英尺见方，分为连续的三层，各具上楣。这种建筑上的相似性分明显示出喀尔万巴拉什遗迹的最早时代在伊斯兰时期以前，而且这一推测还可以找到更进一步的证据，即内部穹隆顶的水平建筑结构以及狭窄入口上的弓形门特征（图38）。由于受到时下当地那个传说的误导，以及外观上朝向其卜拉的方位——意即面对入口处的房屋墙壁的西南方位，一开始我倾向于认为，这座建筑物废墟是一座采用了古老的佛教建筑模式的伊斯兰教建筑。但通过更进一步的观察使我看出，这个遗迹很可能会上溯到伊斯兰时期以前，它最初原本是一座小型的佛教藏僧院。

实际上，这个遗迹的方向看起来是排斥那种观点即认为这建筑是一座穆斯林坟墓。因为其内部所提供的狭小空间不可能给出安葬一具尸体的位置，而且按照正统的伊斯兰教习俗的要求，逝者的脚应朝向南方。这个观点十有八九被用来解释实际情况。随后在塔里木盆地的一些古代伊斯兰教徒墓地中，也验证了这种实际情况。例如在车尔臣和英其开河一带的遗址中，我调查过的坟墓都毫无例外地朝向一个固定的地点。而且，由于有了《古代和田》记述的很多有关当地早期信仰并改宗伊斯兰教的例子，因此像后来的传说中将这个遗迹认作一座伊斯兰教坟墓一类的解释，就丝毫没有什么可引起惊奇的。在有一处废墟的情况下，当地的信仰必定会滞留不去。虽然这处废墟很小，但在一个像帕米尔那样如此缺乏永久性建筑的地区，它却惹人注目。而且它外观上又很像拱拜孜，即中亚惯常见到的那种穹隆顶建筑。因此，没有什么解释比它是一座坟墓更合适了。关于方向上的不同，当地的传说也不可能去过多地麻烦自己深究下去。而至于那被认作是葬室的小得古怪的房间内部，很容易就能找到一个解释，说这是一个小孩的葬室—— 而这正好解释了"喀尔万巴拉什"一名的含义，即"商队（头领）的儿子"。

如果我们假定这处遗迹是一座僧院或寺庙，用来收藏一些佛像，则在解释其建筑特征时无论如何都不会遇到什么困难了。从其平面布局以及高度来看，都非常符合富歇先生所透彻分析的犍陀罗及印度西北地区佛教僧院或塔堂的典型建筑形制。内部的穹隆顶以及附加的小圆顶，在那些地方都是规则的特征，甚至那种在外墙上分成三个带上楣的层的做法，在各种僧院雕塑模型中也可找到相似处。至于房屋内部那种狭窄的空间，也不具有任何特殊性，因为在印度佛教僧院常常（如果不是普遍的话）只打算接纳一尊佛像；而且在塔赫特伊巴西大佛寺，甚至连佛塔周围最大的经堂，其内部每侧也不超过6英尺。

此外需要弄明白的是，我们是否能找到一些关于这座建筑的早期记载，即其已变得很有可能的伊斯兰时期以前的起源。由于像帕米尔一样极缺乏永久性建筑，这座建造得很牢固的小寺庙——正像其尺寸所显示的那样，比起规则的交通线所经过的任何其他地区来，都必定有更好的机会吸引人们的注意。现在，当我们在前面讨论高仙芝运动其三支纵队前往萨尔哈德集结的几条路线时，我已指出其中一条称作"赤佛堂"的道路，它一定是从瓦赫吉里或小帕米尔向下通到阿布·伊·潘加河谷地。我也已经解释，为什么与高仙芝返程（自小勃律至萨尔哈德）有关的附属性证据，会引导我去找寻赋予那条道路以名称的地点，这一地点在沿阿布·伊·潘加河谷的道路与从霍拉博赫特和伊尔沙德山口下行分别通往吉尔吉特和罕萨的道路相交会处附近。达什特伊米尔札穆喇德的这一地点，距喀尔万巴拉什不过两三英里；而且将中国史书记载的赤佛堂地望与后者相对应，更大可能是考虑到"堂"字一般很规则地用来指称佛教的藏僧院或小寺庙，尽管它很小。这个字的用法可以用"千佛堂"一词来很好地说明，该地位于敦煌东南，是一个著名的遗址，集中了大量的佛教洞窟寺庙。随着时光的流逝，在这个特殊的地点建造喀尔万巴拉什寺庙或赤佛堂的缘由，可以不再被人去猜测。但是这座小寺庙可能曾将其名称赋予当地并由此再赋予经过这地方的道路，这一看法完全符合现代帕米尔的地方命名法，即在这个荒无人烟的地区，人们就用少数人造景观来命名当地地域。譬如位于喀尔万巴拉什以上约6英里处的博札伊拱拜孜，是一个很有名的地方名称，它源于一座建造得很差的柯尔克孜头领的坟墓，此人于1845年前后在当地被坎巨提的劫掠者所杀害。

第三节 玄奘前往喀什噶尔的路线

5月27日，翻过瓦赫吉里达坂之后，我发现自己正站在中国的土地上。一路上翻越山口时的艰辛，在我的"旅行笔记"中已作了描述。我站在伟大的萨里库勒河谷的源头，这地方在我第一次探险时就已熟悉。因我需要走与1900年7月时相同的路前往塔什库尔干，而且有关萨里库勒早期地理、历史及古迹等情况，我已在《古代和田》一书中详细讨论过，在此只需补充说明一下我对两处古代遗址的调查就足够了。这两个遗址我现在还是第一次访问它们，与它们有关的古代当地传说的记载，还是玄奘提供的。

他在大约公元642年夏天的返程中，从瓦罕经过大帕米尔到达塔格都木巴什帕米尔，然后到达萨里库勒的首府地塔什库尔干。

玄奘讲到的第一个遗址的故事，与朅盘陀或萨里库勒王室家族的起源有关。《大唐西域记》记载，朅盘陀"其自称云，是至那提婆瞿呾罗（唐言汉日天种）此国之先，葱岭中荒川也。昔波利剌斯（即波斯——译者）国王娶妇汉土，迎妇至此。时属兵乱，东西路绝，遂以王女置于孤峰，极危峻，梯崖而上，下设周卫，警昼巡夜。时经三月，寇贼方静，欲趣归路，女已有娠"。于是，"使臣惶惧……讯问喧哗，莫究其实。时彼侍儿谓使臣曰：'勿相尤也，乃神会耳。每日正中，有一丈夫从日轮中乘马会此。'"使臣为保全自己，则"待罪境外，且推旦夕"，"于是即石峰上筑宫起馆……立女为主，建宫垂宪，至期产男，容貌妍丽。母摄政事，子称尊号……声教远洽，邻域异国，莫不称臣"。当玄奘路过那里时，萨里库勒的王族都声称他们就是那国王的后裔。

这一传说曾广为流传，并深植于人们心中，关于这一点可以从一直保存到今天的当地有关传说中得到证实。我在1900年就已听说，但迟至今日才有机会去亲自访问那些古代城墙遗迹。它们位于古加克巴依驿站对面陡峭的悬崖顶上，塔格都木巴什河（今塔什库尔干河——译者）在那里陡然折向北流。关于这些城墙有一个为萨里库勒人和柯尔克孜人都知道的故事：传说瑙西尔万王（古代波斯的一位君主）曾将他的女儿放置在这里以求得到安全。这个故事可用来解释人们对这片废墟的称呼——克孜库尔干，在突厥语中意为女儿（或公主）堡。这个故事纯粹是玄奘时期传说的遗传，为此我期待利用5月30日自帕依克至皮丝岭的路途时间，亲往该遗址和仍存在的废墟中做一次调查。

在抵达遗址之前，我还得以做了一次准古迹方面的观察。在一座名叫阔顺库尔的山冈脚下，靠近一个小天然洞穴，在帕依克喀老尔下面约6英里处我们渡河到达左岸的地方，我遇到一片明显是古代耕地的遗迹，状如梯田和灌溉渠道。老耕地中的一部分据说曾被瓦罕来的移民重新垦殖，但后来又废弃了。在对面的右岸上，据我的当地向导说，有相当大一块地方上面有古代耕种过的迹象。这些早期垦殖遗迹比现在才开始拓殖的皮丝岭和达夫达尔更高，深入河谷达10英里，它们说明了塔格都木巴什帕米尔作为瓦罕与萨里库勒之间商旅交通的一段道路，具有一种特别的优势。

在阔顺库尔下面约2英里，克孜库尔干所处的绝壁开始闯入眼帘，它几乎正位于古加克巴依废弃的驿站对面，塔格都木巴什河和红其拉甫河在这里相汇。遗址位于一座高而崎岖的山冈最东端，这山冈从萨里库勒主脉那里分下，呈东南方向走势直至塔格都木巴什河边。这遗址还正好在从古加克巴依到达夫达尔的狭窄山谷谷口处（图33）。我们从南面沿着陡峭如切的河岸向上攀登到山冈的顶端，那里是一座几乎孤立的岩石岬角，其东边和南边是几近壁立的断崖，它的顶部山脊高出河床约700英尺（图34）。我们随后的调查还显示出，山冈的西面和北面山壁也同样无法攀越，

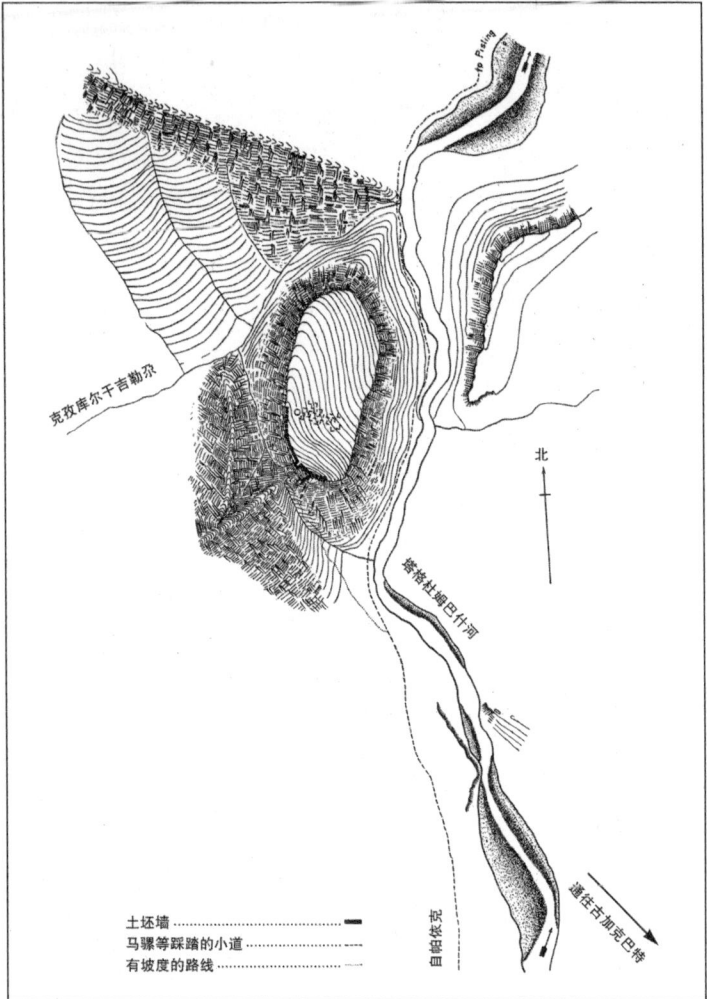

图中文字标注：

to Peling

克孜库尔干吉勒尕尔

北

塔格杜坤巴什河

自帕依克

通往古加克巴特

图例：
土坯墙 ······················ ■
马骡等踩踏的小道 ················ ══
有坡度的路线 ················ ═

图 33 克孜库尔干遗址平面图

图 34　塔格都木巴什河以上的克孜库尔干山冈，自南向北望

它们的下面就是杂乱、曲折的克孜库尔干峡谷河谷。

　　进入这个令人生畏的岩石要塞的唯一途径，是与后面的山冈相连的一道低矮狭窄的隘口。我和勘测员及奈克·拉姆·辛格费了很大的劲才爬到它上面，向上攀登的路起初是一段陡峭的山坡，之后又经过一道更险峻的碎石嶙峋的峡谷。陪同我们的年轻向导以前从没有来过这里，在萨里库勒人中有一种迷信，使他们害怕到这座废墟中来。大量古老的桧木碎块散布在更高的斜坡上，使我在抵达山顶以前，就去猜测我曾瞥见的位于我们之上的古城墙建筑。到达隘口之后，我们仍需向上爬约150英尺，到达一处同样狭窄的陡峭山脊。接下来我的猜测被验证了：古城墙正矗立在我们面前（图35），它坐落在构成岬角山巅的一系列阶地中最高一层的东南边。正像我们意料中的那样，它是一种独特的建筑，即在土坯层之间有规律地夹杂着树枝和灌木枝层。通过图35右侧那段已失去其土坯面层的幕墙，我们可以清楚地看出这些灌木枝层。在左边保存很好的棱堡土坯层间，也有这种树枝层。一座巨大的塔状棱堡约25英尺见方，横亘在从隘口和向东延伸的狭窄山脊那面过来的通道上。我们设法爬过棱堡倾颓的一边，然后又用了些力气，沿着已坍塌的城墙顶部向前走了约60英尺。这段墙将外围工事与主体防御工事联结了起来。之后我们就站在了上面提到的用以防卫山顶边缘的城墙边上，并第一次看见了从山顶向北倾斜而去的天然台地。

从刚才描述的那一点附近开始的城墙，起初是向西北方向走向，长100多英尺；然后在一座大型角楼（其顶部面积约15平方英尺，见图33）附近，城墙又转向北方。沿此直线沿着山顶走约190英尺，一直都可看出墙的痕迹，或者是上部的土坯，或者是由粗石构造的墙基。城墙遗迹向北还延续了约140英尺，到处可见，直至峭壁边缘；在那里墙中断了，取代它们的是陡峭的天然石壁，在这里已没必要再修造城墙之类的防御设施。城墙保存得好的地

图35 克孜库尔干废墙及棱堡，自西南望

方还有约20英尺高，其余地方则倾颓得几乎只剩下基部。这些城墙曾全面保护那块朝西的孤立的山顶，在那上面可能只遭受过一两次攻击。但即使在孤山顶这一边，除了我们曾爬过的狭窄的隘口，它的山坡部分都极其陡峭，以至于任何数量的武装人员都无法从这里攀上来。其他地方也到处都是陡峭的石壁悬崖，高数百英尺，构成了天然的屏障，不可攀越。从西南边起，山顶向北和东北方向倾斜过去，形成一系列的阶地。在城墙北端附近，这些阶地变宽起来，提供了广阔的空间，可用以修建防卫性建筑。但是这些建筑物可能是用未加工过的石块建成，人们能看到的仅仅是一堆堆的碎石，堆在快速绘制的平面图上所标出来的位置上。离城墙最北端约20码有一个直径约20英尺的蓄水池，北边被一道很厚的石墙所封闭。在斜坡地带北缘还有第二个蓄水池，可以清楚地辨认出来。

棱堡的墙壁很坚固，它足以称得上遗址中的大古迹。如果没有这种坚固的构造，在如此陡峭艰险的地方，那些城墙就不可能有一个立足点。角楼一带墙基的平均厚度为16英尺——这要除去大而厚重的墙基下面的那种石板基础部分。从照片上可以看出，墙体用规则排列的土坯建成，很紧密（图35）。土坯系日晒而成，足够坚硬。其材料是一种细黏土，内中混有大量的小砾石。在这种地方像这样的材料可能不易获得，也可能没有足够的水来制作它们，而且也不易于往这样的高地上运输，这些都极大地增加了建造时的难度。无论是在此地还是坎斯尔，都让人提出了这样的猜测：这种夹杂在土坯层中的树枝和灌木层（本地邻近的一些边侧河谷中，有桧木属植物生长[1]），原本是打算替代本地缺乏的湿

---

1   当我结束在克孜库尔干的调查，从河左岸下到皮丝岭时，我听到了"阿查里克"（意为桧木生长的地方）这一名称，位于克孜库尔干下面约5英里喀拉吉勒孜河口上面的斜坡上。

泥来填充在土坯层之间。在这样一个难以进入的高地，对水的需求必定难以满足。这个观点被我随后在敦煌一带所做的观察极大地加强了，我当时曾沿着它西面和北面的古代中国长城做了一些调查，那地方的大部分地带，要想为建筑目的而运送水，其难度也同样很大。因此，作为一种有规律的建筑特征，在那些缺水的地方，可能一开始就采用了这种相同的权宜方法。

不管这种加固土坯的方法是怎么起源，可以肯定的是克孜库尔干遗址与玄奘曾听说和见过的山顶古堡是同一个。从他记载与古堡有关的古代传说的方式上来看，在玄奘的时代以前，那座古堡早就已变成了废墟。他在当地听到的传说将这座城堡描述成是汉代的，即中国的影响最早达到塔里木盆地的时期。而令我感到满意的是，在此地，在我再一次触到的他的中亚之路的这个地方，现场明确的考古学证据又一次证明了这位伟大的中国旅行家值得信赖。但同样明确的还有遗址本身提供的证据，指出了在这些山地中盛行的气候的干燥性，也说明了在一个如此裸露的地方从一个如此干旱的时期以来，这些遗迹之所以能保存下来的原因。如果萨里库勒在历史时期有过比现在更大的降雪和雨水，这些高悬在海拔近13 000英尺绝壁山坡顶上的古代城墙，就早已消失了。

由于我在"旅行笔记"中曾描述过的条件之故，我在遗址中只能停留很短的时间，但这已足够令我信服遗址所在位置超乎寻常的天然屏障作用，在冷兵器时代，它几乎坚不可摧。尽管在它的北面和西两面还有更高的山冈俯视着它，但山顶的台地已在弓箭的射程以外。从各方面来看，这座遗址所处的位置（虽然更坚固一些）令我想起艾德伊沙姆德，印度西北边省科哈特河谷上面的一座山地古堡，我曾于1904年调查过它。二者相似的是，在克孜库尔干遗址也未见到任何的陶器碎片，由此令我猜测此地可能仅仅被用作一处在危急情况下的临时避难所，而不是一处长久性占据的地方。当我们沿着西南边碎石嶙峋的山坡平安地爬下来，那遗址位置的天然险固给我的印象就更深了。沿着河左岸的狭窄小径，被克孜库尔干的岩石山壁完全控制住了。它们高耸在小径之上，异常陡峭，只要用绳子一类的装置就能使守卫人员直接汲到河水。这是对其防卫作用的一个重要观察。无论是从河床这面还是从克孜库尔干吉勒尕阴暗曲折的峡谷那面，都不可能对城堡构成紧密的封锁。在克孜库尔干吉勒尕的北和西北面，有一座巨大的天然壕沟，两边都是岩石峭壁，高达数百英尺。

在下到塔格都木巴什河逐渐开阔的河谷之后，我经过了一片古代的梯田，上面有从喀拉吉勒尕边侧河谷中引过来的渠道痕迹，这片梯田位于克孜库尔干古堡以下4英里处。然后我们又走了5英里，到达萨里库勒人的小村庄皮丝岭，那里刚开始开垦。从那里出发，在经过一整天的行程（约40英里）之后，我于5月31日抵达塔什库尔干——自古以来是萨里库勒的首府。宽阔开放河谷西侧的道路，对我来说是新的，给我提供了观察的机会。关于这里可以提供的耕地的范围，在太平以及人口增长环境下目前正着手进行的对这些耕地的平稳的恢复使用等情况，都已被我记录在

"旅行笔记"中。自从罕萨方面的侵袭停止以来，这种对旧耕地的恢复耕种就开始盛行起来。关于一些具有现代文物兴趣的遗迹，我需要提及的有两处：一是在河左岸的一座古代城堡，位于皮丝岭以下约1.5英里处；另一处在阿克塔木，是一座围墙遗迹，位于塔什库尔干以上约5英里处。

城堡由一圈围墙构成，从内侧量大约58英尺见方。墙下部由粗糙的砾石建成，上部是土坯。城堡的西北和西南边有一道沟，上口宽约38英尺，目前深5英尺，对堡垒起到了一种保护作用。其他面是陡峭的砾石斜坡，朝着河床倾斜过去，非常难于通行。尽管被皮丝岭人称作"古"，但这座小堡垒在我看来并不是什么真正的古迹。而且在土坯之间缺乏灌木枝层，这一点也证实了我对它的印象。它也不同于我在阿克塔木看到的那座墙迹，该废址约60平方码，是用夯土修筑而成。它坐落在塔什库尔干上面约5英里处的阿克塔木，我经过一段令人感到沉闷的沙石和砾石废地之后才到达那里。一些先前耕种过的土地，通过一条新建渠道的办法又重新恢复了耕种。这使人想起阿克塔木的废墟可能是一座沙拉依留下来的，它标志着中世纪或甚至最近时期的塔什库尔干绿洲的边缘。在宽阔的河床对岸，分布着巴扎达什特农田，1900年我曾听说那里还有稀稀落落的房屋遗迹，明显属于伊斯兰时期。在此我还可以提及的是，当我经过塔什库尔干上面约26英里处的一处名叫甘的肥沃草地时，曾听说在河谷对面有一座古堡名叫塔尕什，坐落在甘的东面一座突起的山丘上。当地有一个传说似乎与这个地方有关，但我已没有时间前往调查。

6月3日，我离开了塔什库尔干，在匆忙的两天时间的休整后，我选择了商队所走的道路前往喀什噶尔。那要经过一些大山冈，从慕士塔格阿塔一直散布到南和东南方向。选择这条最直捷的路线的部分原因是我希望能节省些时间（我实际上用6天时间就走完了约180英里的路程，而这通常需要10天的时间）。此外我还受到下列愿望的驱使：想亲眼看看玄奘在公元642年前后从朅盘陀（即萨里库勒）前往佉沙（即喀什噶尔）时所走过的路。这位取经者从“大崖东北，逾岭履险，行二百余里，至奔穰舍罗（唐言福舍）”。这座福舍根据他的描写，在“葱岭东岗，四山之中，地方百余顷，正中垫下”[1]。

玄奘接着对这个地方写道：

冬夏积雪，风寒飘劲。畴垄舄卤，稼穑不滋，既无林树，惟有细草。时虽暑热，而多风雪，人徒才入，云雾已兴。商侣往来，苦斯艰险。闻诸耆旧曰：昔有贾客，其徒万余，橐驼数千，赍货逐利，遭风遇雪，人畜俱丧。时朅盘陁国有大罗汉，遥观见之，愍其危厄，欲运神通，拯斯沦溺。适来至此，商人已丧，于是收诸珍宝，

1 从玄奘行纪的上下文来看，尤其是他指出，他接下来的旅程是从葱岭向东下行800里后，继续从奔穰舍罗前往乌铩，这样一来可以肯定最初的所谓200里，是从朅盘陀国都城开始算起的。所云“大石崖”——用来作为其旅行的出发点——指的是“岩石边缘”，该词玄奘更早些时候用以称萨里库勒城。

集其所有，构立馆舍，储积资财，买地邻国，鬻户边城，以赈往来。故今行人商侣，咸蒙周给。

　　考虑到玄奘记载的其经行路线的沿途地形状况以及距离和方位，我已经可以得出结论：所谓的福舍遗址，需到其其克里克迈丹上去寻找。这是一块高原状的台地，位于新迭河源头处，从萨里库勒到喀什噶尔的主要道路经过这里，距塔什库尔干有两天的路程。其其克里克迈丹位居两座大山冈之间，这些山冈连接着慕士塔格阿塔地块，并向南方延伸。所有在这个方向上的旅行，都必须通过其其克里克。通过那几个山口（其其克里克、亚木布拉克或英达坂）中的任何一座，人们都可以到达那两座山冈中的第二座，即东面那座。作为一处天然的休整地，其其克里克的重要性以及高海拔位置，表明它正符合玄奘提到的那样一座福舍的地望。我这次沿这条路旅行时，终于有机会来此地勘察，验证我的推测。

　　第二天（6月4日），经新迭峡谷作艰难的攀登之后，我到达了河谷的源头。在那个高地上我惊奇地发现了一块几乎水平的平地，自北向南长约2.5英里，宽1英里多，四周都是雪山（图36）。它的样子与玄奘描述的那座福舍遗址非常接近。而那些雪山高2 000~3 000英尺，从四面包围着这块平地，只留出东北面一道很宽的裂口。这道裂口几乎看不出来是与坦吉塔尔河谷的分水岭。我的空盒气压表显示出这块平地的海拔为14 800英尺。它的样子

图 36　自其其克里克迈丹西南望

正像我从我那些富有经验的马夫和萨里库勒人随从那里听到的那样，已足以令人相信在这块暴露于风雪之中的孤立高原上，每年都有关于牲畜（有时也有人员）伤亡的报告。现在平地的大部分都还被雪覆盖着，但在其中心附近可清楚地看出还有一个低矮的土墩，此外我还看到一座部分损毁的穆斯林坟墓或拱拜孜。在我着手调查的那座土墩很快就发现了方形围墙的墙基，每边长约35

码，用一种粗糙但很坚固的石块建成，厚约3英尺，显然是一座古建筑。从墙的方向上看，它可能正是一座伊斯兰时期以前的建筑遗迹。围墙的内部，靠近前面提到的拱拜孜，我同时还找到了一些已倾颓的坟丘。这一点加上我从陪同的萨里库勒人那里收集到的消息，两者都表明这座废墟现在在穆斯林的眼里，已变成一处圣迹。

其其克里克的平地令人望而生畏，由于前面已经指出的地形方面的原因，这里必是常被用来做一个固定的休整地。中间有建筑废墟的地方，比较适合一处货栈或玄奘描述过的那种福舍，用来为从那几个山口中任何一个过来的旅人提供遮蔽和供给。自从这些围墙倾颓到基部以来究竟过去了多少时光，现在已无法确定。但是考古学和地形学两方面的证据看起来都验证了我们的认识，即这些围墙等正是玄奘记载中所指的古代建筑的最后残余遗迹。在中国新疆地区，凡墓地都一律被认作是圣徒的吉亚拉特。因此我们可以放心地把现在在围墙内发现的坟墓以及人们赋予这块土地的神圣性，看作是玄奘时期人们讲述的那个有关一个圣人建筑了一座福舍的传说的明确遗迹。此外还有目睹的证据，这地方就适合做客栈，就在200码以外，有两间棚屋形建筑，是在中国官府指使下为行旅们修建的客栈。足够明确的是，虽然客栈建于1903年，当时萨里库勒荣升为一个正式的行政区，这些棚屋看上去已半成废墟了。

此时此地，虽然春天已经临近，但天空灰蒙蒙的，一副要卜雪的样子，令人感到欣悦。我们花了将近五个小时，奋力挣扎着穿过其其克里克平原上的雪地，以及缓缓向东倾斜的积雪的河谷。河谷向东可通到塔尔巴什的柯尔克孜人的营地，两地的落差有 3 000 英尺。我能很好地记起在其他时期这座高出海平面将近 15 000 英尺的荒凉的高原给人们带来的折磨。这时我回想起了鄂本笃留下来的记载。鄂本笃是一位勇敢的耶稣会修道院杂役僧侣，1603 年，他从印度出发，沿着这条路去寻找寓言中的契丹。翻过帕米尔之后，他和他所依附以求安全的商人大喀非拉一道，抵达了萨西尔省的村庄萨里库勒。他们在那里"休整了两天，以使他们的马得到休息。然后在两天多以后，他们抵达了叫作"西塞亚里特"（即其其克里克）的山脚下。那里覆盖着厚厚的雪，在向上攀登时很多人都被冻死了。而我们的鄂本笃好不容易逃生出来，因为他们在这里的雪中困了 6 天时间。最后他们到达了坦给塔尔（即坦吉塔尔），一个属于喀什喀尔（喀什噶尔）王国的地方。在这里亚美尼亚人伊萨克掉进了一条大河中，昏迷了 8 个小时，直到鄂本笃设法将他救活过来。15 天后，他们又到达了伊阿阔尼克（即亚喀阿里克）城。道路如此糟糕，以致鄂本笃兄弟的六匹马都因疲劳而死去。五天后他一个人继续前行，到达被称作"雅尔坎"（即叶尔羌，今莎车——译者）的首都，并派马回去帮助他的同伴，还带上他们所需要的东西。不久，他们都带着行李包裹平安地到达了首都，时间是 1603 年的 11 月"。

我已经全部引述了关于这位虔诚的旅行者经历的记载，它不仅是对其其克里克高原的畏惧的生动评论（在玄奘的行纪中也反映了这种恐惧），而且还有助于我们确定一个令人惊奇的事件的发生地点，这件事在玄奘的传记中提到过。从鄂本笃的评注中提到的地方起，可以肯定他走的路就是商队现在所走的主要道路。即从其其克里克高原下行，经塔尔巴什，在其东面两日行程的其西尔拱拜孜那里，与通往喀什噶尔的道路分开了。关于坦吉塔尔，鄂本笃曾明确指出其含义是"狭窄的峡谷"，这一名称来自塔尔巴什河水流经的那段峡谷，深邃而艰难。塔尔巴什河水在托依勒布龙那里与来自亚木布拉克、英达坂和托尔阿特诸山口的溪流相交汇。道路在塔尔巴什的柯尔克孜人牧场以下约2英里处开始进入坦吉塔尔，再走2英里多，就转入到高耸的岩壁之间的河床上（图37）。

由于积雪融化带来的洪水充溢峡谷，遂使经由峡谷的道路在夏季的几个月里无法通行。那时从其其克里克过来的道路，就转移到英达坂或亚木布拉克山口。今年的夏天姗姗来迟，使我在6月5日得以从坦吉塔尔之路通过。尽管如此，在几乎壁立的石灰岩断崖之间行走，仍不时遇到一些深泥水坑，还有光滑的砾石，使得人行走起来非常艰难，对行李来说也非常危险。

当鄂本笃艰苦跋涉的商队于1603年9月或10月经过这里时，情况必定也是一样的。在这里我能很好地理解那发生在他忠实的同伴——亚美尼亚人伊萨克身上的不幸事件的严重性。围绕着这段令人生畏的旅行，我还有另一个关于一场冒险的回忆，它更为

图 37 塔尔巴什下面的坦吉尔峡谷

古老，而且是关于一个更为著名的旅行家的回忆。在玄奘的传记中提到，这位"法师"从朅盘陀（即塔什库尔干）"复东北行五日，逢群贼，商侣惊怖登山，象被逐溺而死。贼过后，与商人渐进东下，冒寒履险，行八百余里，出葱岭至乌铩国"（《大慈恩寺三藏法师传》——译者）。从塔什库尔干至遭遇盗匪处之间的旅行时间以及对场所的总的描写上来看，玄奘的冒险处明显指的是其其克里克东面的一些峡谷。因为除此之外，那里也确实没有其他地方能像坦吉塔尔峡谷一样便于通行了。它确实像一个称职的观察者所写的那样："少数下定决心的人就可以守卫在那里，以抵抗一支军队。"此外，关于在行进中所经历的那种严寒的记载也很有意义。我们知道这位取经者是在短促的夏季时通过帕米尔，而且他花了20天时间在萨里库勒。这样一来他可能走的是经过其其克里克的路，并在秋季前往乌铩和喀什噶尔。在那个季节，除了坦吉塔尔河，没有任何河流能有足够对大象构成危险的水。而由于极其特殊的自然状况，坦吉塔尔河深陡的岩壁甚至在冬季里也保存有深深的水塘。

坦吉塔尔山谷一定曾常被认为是特别容易受到攻击的道路的一部分，这一点可以从那座废弃的瞭望塔上看出来。那座废墟位于峡谷低的一端，从北面伸过来的亚木布拉克和英达坂河谷在这里与峡谷相汇。关于这座瞭望塔，我的当地向导认为是伊布拉音伯克的一位先人留下来。伊布拉音是附近河谷中的柯尔孜孜人牧地的头领。但是更具有考古学价值的是，我在距峡谷上端大约半英里处一个非常有限的地点所发现的有关坦吉塔尔道之早期使用情况的证据。在峡谷的两侧岩壁上，各有一行凿孔，每边7个，深约6英寸，宽8英寸，形状或方或圆，毫无疑问是用来安插木梁的。这上面必定有过一座桥或平台，在这个特别难行的地方，用来帮助行人和他们的牲畜通过滑而半浸在水下的砾石滩。这些孔凿得既细致又匀称，看上去显得很古老。

在《古代和田》一书中，我已经详细解释了为什么我会相信玄奘所记的乌铩国（臣属萨里库勒）应包括莎车和英吉沙两部分，以及在经过其其克里克高原之后，他走的路线应是先到英吉沙，之后才到佉沙或喀什噶尔。我个人的旅行方面，在一阵快速行进之后，于6月8日经依格孜亚尔和英吉沙抵达了喀什噶尔。这一段行程，我都记在了"旅行笔记"里。这样一来我就可以到处声称，我走的是我的"中国守护神"的路线了，尽管这条路并未为我提供新鲜的古迹观察的视野。

第四节　喀什噶尔与莎车

我抵达喀什噶尔意味着回到了一块曾经熟悉的土地上，自1900—1901年访问过这地方以来，时间已经过去了几年。在这里，我的老朋友乔治·麦喀特尼（中文名马继业——译者）先生热情地接待了我。当时他是印度政府的政治代表，现在已荣任国务大臣阁下的驻中国新疆总领事。但无论是这一点还是在连续六星期的艰苦旅行之后身体方面需要休整一下，都不是一个充分的理由让我躺下来，无所事事地休息上两星期。在这段时间里，我整天忙于组织我的驼队和购买运输用的牲畜等一大堆事情。由于马继业爵士的友好关照：一方面是凭借他个人的巨大影响力，另一方面从某种程度上来说，也是靠我以前在和田所做的考古学工作的底子，我很容易就获得了中国新疆省政府方面对我新探险工作的许可，这对我来说着实是一个巨大的帮助。

但是我应该感激的还有他对我的另一个同样重要的帮助，他向我推荐了一位优秀的中文秘书，此人名叫蒋孝琬或蒋师爷，师爷是他的大致头衔。对我手头的工作来说，有一位中国秀才的帮助是必不可少的。因为我常常是忙里偷闲地做做我的学问，我总是没有机会好好地学一下中文，来扩充我个人的语文学知识，哪怕是我感到很需要时亦是如此。看来命运之神在垂顾我，把蒋师爷赋予了我。他不仅是一位优秀的教师和秘书，而且还是一位热情的、有献身精神的助手，为了我的科学上的兴趣，随时准备着去面对任何困难。出于每一位受过教育的中国人身上那种天赋的真正的历史学意识，他带着强烈的热情和直觉沉湎于考古工作之中，不管我们探险的遗迹遗物是中国的还是来源于外国的，他都一贯谨慎、彻底地观察和记录下每一件事物。在我的整个考察中，我都从这位陪伴我的博学的中国同道那里，获得了巨大的帮助。在我的"旅行笔记"中有大量证据，而且在我的学术研究方面，他也做了大量的直接的工作。

在《古代和田》一书中，我已经详细检查了中国史书中提供的有关伊斯兰时期以前喀什噶尔地方历史的资料。从那以后，还有一些变得可用的信息——主要是通过沙畹先生的工作尤其是他对《后汉书》中有关西域的报道和翻译才能实现——在有关某些细节方面非常有用；但在验证一个非汉学家学者对问题的新处理是否正确时，这些信息的视野就显得不够宽阔了。

在《古代和田》一书中，我还详细讨论了我所知道的喀什噶尔及其附近地区的任何古代遗址。但由于一次非常奇怪的机会，一个位于绿洲北边缘不远的遗址被我忽视掉了。可能正是因为它们对住在喀什噶尔的欧洲人来讲太熟悉了，因此他们从没有向我提及过这个叫作"玉其买尔万"（意为三扇窗）的遗址。我期待能早点访问该遗址，虽然我有理由猜想，它们已被收录进已故总领事彼得罗夫斯基关于喀什噶尔古迹的论文中。而且虽然我已了解到，就在我到达喀什噶尔前六个月，该遗迹已经被这样几位有才干的考古学家，如格伦威德尔教授和冯·勒柯克教授及其所率领的"普鲁士皇家考古探险队"在喀什噶尔停留期间调查过了。考虑到这些较早时候的调查，我感到自己再花费一天多的时间对该遗址做一次快速访问，然后自我满足于仅仅对其基本特征有一个大致了解还有什么道理。

6月21日，我沿着通往阿图什和翻越天山山口的大路，向喀什噶尔"老城"以北方向继续行进。在喀什噶尔主要绿洲北缘以外约2英里处，我发现了古代的遗迹，它们分布在一块叫作"恰马里克萨依"光秃秃的砾石平原上，此地在阿图什河右岸宽阔的河岸边缘。像遗址中大部分惹人注目的遗迹那样，那里有一座坍塌严重的窣堵波（图38），距提土尔格小村庄最近的农田以西约1英里。佛塔西北面，沿着河床陡峭的岸有一道砾石带，在它的狭

图 38　喀什噶尔以北可汗沙尔遗址的废塔

窄的顶部和南脚有一些古代堡垒的遗迹。整体上它有一个名称叫作"可汗沙尔"(意为可汗之城),而同时佛塔也被赋予一个同样的名称叫梯木。佛塔位于最东端,正像照片上所显示的,它坐落在一座高约10英尺的黄土墩上。除非它是人工所为,这土墩肯定是由于风力侵蚀削降了塔周围的地面所致。几乎干涸的宽阔河床(图39)以外以及从南面与恰马里克萨依排成一线的山麓小丘上,广泛分布着强烈的风力侵蚀的痕迹,看上去被擦得光亮。这些沙漠之风,即使在如此靠近耕作区的地方,也发挥出惊人的威力。

佛塔用坚固的土坯建成，中间是厚厚的灰泥层，高仍有约32英尺。遭受如此严重的砍挖及其他存心的破坏，以致人们只能看到一个圆柱形塔身及其上面的覆钵形顶的开头部分而无法看到它的本来面目。关于其基座，有把握看出的是它具有一个方形形状，其最低部分边长约32英尺。基座的不同层次已不再能分辨出来，这一点连同已毁坏的塔身和塔顶的状况，已不可能同我六年前所调查的位于喀什噶尔东北的毛里梯木佛塔的相同部位进行比较。但需要指出的是，在毛里梯木佛塔上所见到的穿过塔身和塔顶中心的小塔尖，在本佛塔中亦存在着，约3.5英尺见方。塔顶东边的一个砍挖的洞，使这个塔尖暴露于众目之下。另一个普遍的特征，是在塔身的顶和底部附近，发现有水平的、突出去的木棍或紧密排列的树枝层。毫无疑问，它们曾被用来作支撑拉毛泥塑的楣或其他类型的装饰物。

这个佛教信仰遗迹足以用来确定其西北方向不远处的围墙遗迹，亦属于伊斯兰时期以前。残破的墙厚3~5英尺，用实际上与佛塔相同规格的土坯建成。令人遗憾的是，由于意外的事故，我失去了用平板仪测的图，以致我无法在此指出那两座城堡的准确尺寸和形状。图39显示的是位于滩地西北端上的一座城堡，与另一座古堡相距约168码。从这幅照片上，大致可以看出古堡的样子和保存状况。这座孤立的城堡局限在狭窄的黏土砾石小冈顶上，后者高出达什特（即平原）约40英尺，其宽度不超过80英尺。东南面围墙保存最好的部分（从图39右侧可以看见），高约20英尺，

图 39 阿图什河右岸以外的可汗沙尔古堡遗址

上面有一排窥孔。其位置所在地势特别险要，土石冈至此中断，接的是非常陡峭的河岸断崖，高约120英尺。

另一座城堡更靠近佛塔，在南面的平地上，外侧是一道围墙，其东墙上建有两座大瞭望塔，约18英尺见方。围墙内部的地表上覆盖着粗陶碎片，表明那里被人长久占据过。一个奇怪的特征是一排复墙，其走势是从围墙东南角附近某一点向佛塔方向延伸，长约56码，二墙间隔10.5英尺，其建筑较差。在地面以上约6英尺处有一排孔——它们是否就是窥孔呢，还是如果这条奇怪的通道被用来作一种僧院的通道、它们就是打算用作固定某种大型泥塑的支撑木桩之孔？无论是在此地还是在主要围墙内，我都未看到有什么废墟或建筑遗迹可以吸引我去挖掘。也没有太多可能发现以任何程度保存在地面上一些有价值的遗物像文书之类的东西。这里的地面还缺乏可起到保护作用的流沙层，而在这个大盆地的西北缘，其大部分地方都是经常性地暴露在这样的落沙影响之下。

可汗沙尔西北约1英里处，是通往阿图什的道路。在路的左边是一道长长的砂岩阶地，朝向河面是一道几乎垂直的岩壁，高出平坦的河床地面。阶地的根部有堆满岩屑的斜坡，从斜坡地表向上约50英尺的阶地断崖上，凿进三龛，高悬在阶地边缘以下。这三龛在当地有一个名称，叫作"玉其买尔万"（图40）。它的门精心地凿在浅浅地凹进去的石龛中，门壁略微有点倾斜，高约8英尺，宽6英尺，三门之间距离相等。在中央浅龛的背面上，我很容易即辨认出彩绘的一幅佛头像，有发髻和头光，白地黑彩。马继业爵士可能是第一个注意及此的人，在照片上也能够辨认出来。

两侧的门看上去要深一些，后面可能有一道相连的通道，可以绕着中央小龛中的佛像行走——我后来在敦煌和库车大量的石窟寺中，都发现有这种平面布局法。在这三座门龛下面，有规律地在石壁上凿出一些方形孔，系用来支撑出入这座小石窟寺庙所需的栈道。要想从断崖顶上垂下一根绳子然后凭借它攀上洞窟，

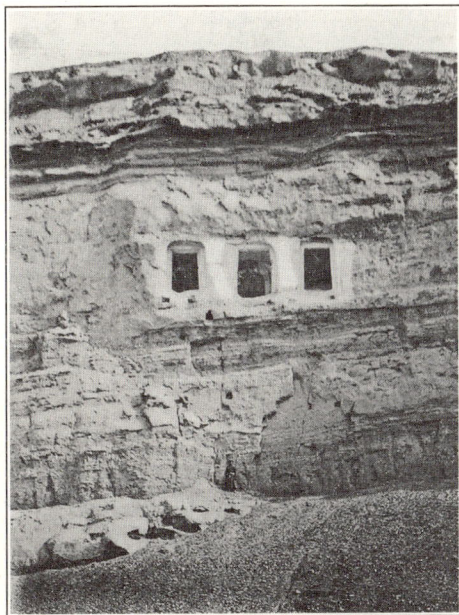

图 40 玉其买尔万的石刻

经证明并不可行；而我也没有时间去临时做一架我知道的那种软
梯（最先访问这些洞窟的哥萨克人曾用过）。由于它们也已被普
鲁士考古队的成员调查过，所以我便满足于用望远镜所看到的那
些了。

从喀什噶尔到莎车的旅行花了我5天（6月23—27日）时间。

我走的是我在1900—1901年探险时所走的主要路线，沿途也没有什么可看的古迹。关于莎车及其绿洲的历史我已在《古代和田》一书中谈论过，在此我也没什么东西可作补充。沙畹先生所译的《后汉书·西域传》以及那三位因远征中亚而著名的将军的传记，亦未为我们了解莎车这个古代国家在公元1世纪间的政治状况提供多少新信息。谈到沙畹先生的原本著作的诸细节，在此我就一些基本事实简要谈谈我先前的说明。

与唐代形成鲜明对比的是东汉时期。在前一个时期，莎车明显不是一个重要地方，无论是在编年史中还是在玄奘的记载中，都没有明确地被提及。而在东汉时期，它却是一个很强大的国家，有一个时期曾将其影响扩展至整个塔里木盆地及其以外的地方。古莎车，其地望即今之莎车。国王延在位时，它比西域其他国家都强盛，并拒绝臣属匈奴，而匈奴当时正利用篡位皇帝王莽所造成的混乱，将其势力渗透到这个地区。延的后继者康亦继续效忠遥远的中原王朝，并于公元29年接受了统治西域五十五国的名义。公元38年，所有葱岭以东的国家被描述为皆臣属贤，此人系莎车王，他是公元33—61年这些地区最强大的统治者。公元41年，东汉王朝（其权力名义上还或多或少地保留在塔里木盆地）曾一度被劝诱甚至封他为西域都护。其后贤抛弃了对朝廷的忠诚，转去攻击于阗、鄯善、龟兹等国，强迫他们接受他自封的统治者名义，或者迫使诸国转而去寻求北方匈奴的保护。甚至在大宛（即费尔干纳），贤亦对其宣称他的权力。公元60年，于阗最终击败了贤。

在经过几次徒劳无功的征伐之后，贤亦被围困在其都城莎车，并于次年向于阗王广德臣服。

其后匈奴曾一度控制了莎车，甚至迫使于阗成为其附庸国。但到那时为止，东汉王朝的势力开始在班超将军的领导下重新进入塔里木盆地。公元74年，将于阗、喀什噶尔纳入东汉王朝版图之后，班超开始将其影响扩展至其他地方。尽管有过几次反叛和挫折，但班超"以胡制胡"的策略使得这位有才干的领导者和政治家，逐渐巩固了汉朝在这些充满纷争的王国中的统治地位。公元88年，他成功地使莎车臣服，尽管那时有强大的龟兹国帮助它。三年后，连龟兹自身（起初依附匈奴，随后又依从于来自阿姆河的月氏即印度—斯基泰人的入侵）亦被迫同塔里木盆地北缘的国家一道向班超表示臣属。公元94年，随着焉耆（即喀剌沙尔）的臣服，班超对塔里木盆地的再征服全部完成了。

在莎车停留的四天里，像上一次在这里调查时一样，我在获取有关任何古代遗址的信息上并不成功。关于莎车老城的位置现在还没有确定下来；据米尔咱·海答尔讲，专制者阿巴·乩乞儿曾在那里挖掘出大量珍宝。正像我在前一部报告中对于阗古都遗址——约特干的解释那样，莎车这片巨大而繁荣的绿洲在其密布的耕田之下深厚的河相沉积地层中，可能埋藏着所有的古代遗存。但是，现在的莎车城有可能本身正建在莎车古都所在地面之上或附近，这一点推测由于在我到来之前某个时候发现的大量钱币所加强了。钱币的发现地靠近莎车新城中的莎车府衙署附近。博学的按小潘大人，他当时正主管这一地方，极友善地给我提供了一套10枚有代表性的钱币样品。这些钱币包括一枚铜币，上面有"开元"铭文，系唐高祖时发行的钱币，他是唐朝的第一任皇帝；接下来还有一个多世纪后唐朝发行的开元通宝以及宋朝发行的年份在公元990—1111年间的各种铜钱。从这座窖藏的构成来看，它证明了现在的莎车城所在，在伊斯兰时期以前的末期即已被占据。

从莎车向南面的下一站叶城旅行时，我选择了一条在某种程度上比较偏僻的新路线，即沿着提孜那甫河之路，迄今它还尚未被勘察过。在我的"旅行笔记"中，我已经全面描述过这条路。做这样选择的目的，是希望满足一下我走访克孜尔加依遗址的考古愿望。大约两年前，该遗址出土过一些保存良好的回鹘文写卷，后来交到了马继业爵士那里。丹尼森·罗斯博士检验过这些写卷，1908年12月我路过加尔各答时，他曾向我出示过原物。7月4日我做了一次远行，从提孜那甫河右岸一带新垦殖土地上的小村庄巴格吉格达出发，前去访问那个遗址，结果很不妙，没有多少古迹可言。在向北经过新近开垦的耕地走了约5英里之后，我们进入了一个满布着矮树和丛林的地区，该地介于提孜那甫河及东面移动的沙丘之间。再走4英里之后，即到达一个名叫克孜尔加依麻扎的地方，那里生长着一大片野生杨树。其西北大约0.5英里即发现回鹘文写卷之处。一个名叫伊布拉音的巴格吉格达居民，指出写卷就出自一座红柳沙丘之中。这种沙丘很多，它们是塔克拉玛干沙漠边缘的典型特征。更进一步的调查，使我弄清了在文书的发现与向马继业爵士报告之间，已有10多年时间过去了。伊布拉音说，在接近沙丘顶部的地方他曾看到过一小捆文书，当时他正在寻找死木头或阔台克；之后他又在清理约2码以下的沙子时遇到了另外两捆文书。沙丘的总高度高出周围地面约14英尺。这几件文书明显属于同一个时期，但怎么会在如此不同的高度上被发现，这个问题难以解释。考虑到这些沙丘的增长速度相对较慢，而伊布拉音所指出的文书所出土的不同水平线，可能代表了一个数世纪的间隔期。在这里，就像我后来在塔里木盆地等地的几乎所有的发现时情况一样，唯一的结论就是：无可奉告。

向北方的灌木丛废地继续骑行约2英里之后，我来到一个地方，上面散布着大量的泥土建筑的小房屋遗迹，地表还清楚地可以看出灌溉渠、梯田的痕迹，几乎不见任何流沙。从这些迹象上看，这地方直到一个比较近的时期以来一直被人占据着。房屋等遗迹与附近的现代村民们的居址非常接近，我发现它们都是呈孤立的小群组形式分布，从西北到东南，范围约1英里。遗址区的最大部分被我的向导们称作"阔依鲁格阿塔"，至于北端部分，他们另给了个名称叫塔塔尔则明。两年之后，我的助手拉伊·巴哈杜尔·拉尔·辛格，在从买尔开特前往叶城的途中调查了这个遗址。他看到了一小块实实在在的耕地，靠近阔库勒和拉依丹农庄，伸进遗址数英里。这些耕地，可以追溯到一个特定时期，那时在沙漠边缘与提孜那甫河到买尔开特之间的狭窄的可灌溉地带上，可以看到比现在要多的耕田。马继业爵士早些时候曾访问过阔依鲁格阿塔，他受到在附近发现回鹘文写卷的鼓舞，还动手清理了一两间这样的低矮房屋。然而，唯一奖赏他的发掘的发现物是一块皮革。当然，在缺乏可资断代的遗物情况下，这皮革也无法做年代上的确定。因此，对我来说也没有必要花费时间做更进一步的清理。

第五节　昆仑山的极西部分

6月6日和7日，在自北向南穿过巨大而繁荣的叶城绿洲之后，我取道向南，经过极西部昆仑山的宽广的山前砾石缓坡地带，到达了库克牙村。一条很常用的商路通过这里，到达提孜那甫河和叶尔羌河的源头，然后翻过喀喇昆仑山到达拉达克。我在库克牙停留了16天（7月9—24日）。我这样做的目的，只是想在这个位于山脚下并相对凉爽的村子里获得几分宁静，以完成《古代和田》一书的最后一些工作。这些事使我非常忙碌，以至于我感觉到很愉快，在这山脚下的小绿洲附近，没有任何的考古学东西来扰我心神。我在那里以及随后沿着山脚向东行进过程中所尽力做的观察，在关于这个地区的人种史和历史地理学方面，证明是很有用的。关于后者，我将首先做一些补充说明。

在《古代和田》一书中，我已经详细强调了那些吸引我去考证叶城与玄奘所称的"斫句迦国"之间对应关系的理由。在《唐书》和《宋云行纪》中，对"斫句迦"一名有不同的拼法，曰"朱俱波"或"朱俱槃"。《唐书》中明确指出，该国即"汉子合国也。并有西夜、蒲犁、依耐、得若四种地"。在《汉书》中，单独有对子合、西夜、蒲犁、依耐的简短记载。但是关于这些地点相对位置等的说明，则显示出了各种各样的差异，如果不查对原文，就不能消除这些疑虑。因此现在我们所能下结论的也只是说这些小国的首府，必位于现在的叶城附近。关于西夜的记载还提到，其统治者被称作"子合王"。中国的地理学家同意此种说法，认为这两个地方之间有一种特别的联系，他们准备把西夜和子合与紧邻裕勒阿日克和库克牙的村庄地区对应起来。

这样一来，对我有益的是我能熟悉当地的情况。在库克牙，能耕种的土地被局限在一条狭窄的地带，长宽均不足5英里，被封闭在一条狭窄河谷的谷底，两边都是裸露的斜坡。那里大约有200户人家，主要靠在山中养牛羊来维持生计。从河谷的构造上来看，即使在更早的时期更湿润的气候盛行时，那里也没有更多的耕地。在裕勒阿日克小绿洲，情况在某种程度上要较好一些。这片小绿洲位于阿克其克吉勒尕谷口处，直线向东约6英里。此地的全部灌溉地（看上去已没有任何水可节省下来）据说可养活约260户人家，包括若乌什村。乌萨克巴什是东邻的一片绿洲，看上去要大一点，据计算有300多户人家。它的灌溉水源来自一条叫乌鲁格玉斯塘的溪流，并常年得到雪水的哺育。它的地表有一薄层肥沃的黄土，覆盖在这小簇绿洲的山麓砾石滩地上。这些绿洲让人很难去猜想：它们彼此这么靠近，而且资源又很有限，竟曾经扮演过独立的王国！稍稍看看地图，这种疑惑就会更强，因为从地图上看，这些山麓村庄的耕地非常狭小，而相比之下，叶城的主绿洲则太大了。

考虑到地形情况，也许保险的说法是，叶城连同其大量的来自提孜那甫河的水源供应以及肥厚的黄土阶地，一直是叶尔羌河以南人口最多也最重要的绿洲。我们不可能去假定，《汉书》中记载的汉朝的调查中没有提到它而它能够存在。对这个明显的忽略，《后汉书》卷百一十八（按《后汉书·西域传》在卷八十八——译者）有关这些地方的更清楚的记载中，提供了一个解释。该记载指出，从和田向西的旅行，"经皮山，至西夜、子合、德若焉"。所有这些地方都必须在叶城附近去寻找，这一点非常清楚，因为皮山国即今之古玛；而由此往西的路，必通到今之叶城地区。

关于西夜国，《后汉书》指出它还有一个名称叫房沙（《后汉书》记"漂沙"——译者），而且有一个与子合不同的统治者："《汉书》误云西夜、子合是一个国家，而子合王居住在呼鞬谷中，距离疏勒（今喀什噶尔）一千里。"从指出的距离及位于一座狭窄河谷中的位置来看，这里提到的子合国都城应位于叶城南面的某一片绿洲。接受了这一定位，我们必然就会导出西夜即叶城，因为只有这样假定这片大绿洲，我们才能解释《后汉书》中指出的人口上的显著差别（西夜有 2 500 户，子合领 350 户）。这一比例，与现代人口普查可能揭示出的叶城绿洲与包括库克牙、裕勒阿日克和乌萨克巴什在内的伯克西甫绿洲的人口比例大致相同。将西夜与叶城绿洲相对应，符合《汉书》的记载，即西夜东邻皮山北接莎车，因古玛与莎车正是这里所说的叶城在这些方位上的邻居。如果我们假定在《汉书》记载的时期，西夜或叶城是在一个最初占据着南部山区的家族统治之下，唐朝编年史家将朱俱波与汉时之子合相对应起来就变得可以理解了。不过它们对这一地区的描述，指的是现在的叶城。

关于德若国，《后汉书》中说它与子合相邻，二者风俗亦相同，人口仅有100户。可以有把握说的是，我们必须到库克牙西及西南方的几个有人居住的山区中，去寻找德若的位置。在提孜那甫河上游古索斯一带以及哺育它的五条支流的河谷中，有大量的半游牧山民的聚落，下文我将找机会讲到它们。这些地方有一个总名称，叫作"拜什肯特"。蒲犁和依耐以及朱俱波或叶城在唐代所兼并的其他一些小国的准确位置，目前还不能确定。但《汉书》提到，它们的位置在子合以北，在农产品方面依赖莎车即今莎车。从这一点上来看，这些小国可能位于那些易进入的小河谷如阿斯干沙勒、玉奇拜勒迪、通等，是一些孤立的山地聚落。这些小河谷从扎拉夫山即叶尔羌河的中流中分出来，有关其地形状况的问题最早由狄塞上尉调查解决。

我在库克牙停留期间，虽然一直忙于桌案工作，但我也设法去帕赫铺的山人那里，收集了些有用的人体测量学及其他资料。那里位于提孜那甫源头，长期以来我即对那里的人种类型和起源感兴趣。在《古代和田》一书中，我根据稀少但可用的资料，注意到那个小而鲜为人知的山地部族所代表的重要的人种环节，介于伊朗—萨里库勒人与现在的和田与塔克拉玛干南缘其他绿洲人口之间。在那里我还详细讨论了人体测量学、语言学以及历史学的多种多样的证据。它们都集中指出这一事实：阿尔卑斯人的盖尔查类型（萨里库勒人是其目前之最东代表），曾一度扩展至更靠东的地方，并构成了和田及在文化与历史上与其有联系的绿洲古代人口中盛行的种族因素。在本书所述的旅行过程中，我利用每一次机会去收集新的人体测量学材料，这些材料或许有助于解决人种和血缘关系问题，诸如目前定居于塔里木盆地尤其是其南缘的人口之人种特征及起源等。乔伊斯先生对这种大量的新材料做了系统的分析，他一再为我提供高价值的合作，一项持久的工作。他对600多个个体进行了测量，直至其新测量的结果发表为止，对我来说要从整体上来概括仍显得过早了。在此我将坚持自己的做法。在同样的情况下，像这样的一般性的人种学观察记录，将会说明这些材料的特征，而且也有助于今后完整地利用它们。

被称作"帕赫铺"[1]的小型半游牧聚落，其名称一般来自它们的首要河谷之名。这些小型半游牧聚落散居在由提孜那甫河源头

---

1 尽管我在叶城以及其他地方已听说了"帕赫铺"这一名称（它按照贝柳博士的注释所反映的方式，松散地用于整个山区的人民），而我所调查的帕赫铺和库克牙的人，都同意这一名称仅指的是"帕赫铺鲁克"（Pakhpuluk，luk系突厥语常用的形容词词缀）。

排出去的几条高而狭窄的河谷之中。所有这些溪流的相汇点位于库克牙西南，在一座自极西部昆仑山分下来的高冈后面。遗憾的是，由于时间关系，我无法访问这块鲜为人知的小山区。但在叶城衙门的有效帮助下，尽管有很多由于河流的泛滥以及山民的胆怯、多疑引出的麻烦，我还是设法在库克牙得到了成批的有代表

图41　在库克牙做人体测量的帕赫铺人

性的"帕赫铺鲁克"(图41)的来访。

我极感兴趣的是，我的访问者们的长相给我的一般印象是，他们大部分人长相都很美，在种族上是同质的，与我在萨里库勒和瓦罕所见到的阿尔卑斯人类型非常相像。他们一般都有优美而适中颜色的眼睛，狭窄的鹰钩鼻，密集的眉毛和大量生长的头发，这一切使他们与普通的莎车人和叶城人相区别开来。虽然在穿着与举止方面无法分辨他们，但我还是能立刻从本地村民中挑出任何一个帕赫铺人来。村民们常常挤在周围，观看人体测量是怎样进行的。只有认真地比较那些后来在库克牙、和田和其他南道绿洲人口中所获得的准确测量资料，才能够显出我刚才的印象究竟在多大程度上被证明是正确的。但在这时有一个念头极强烈地浮上我的心头：由于山地的隔绝性，恰在这些山人中保存着主要起源于盖尔查的人种特征，极少受到其他血缘的混合。在伊斯兰时期以前，那所谓的"其他血缘"似曾扩张至和田甚或更远的东部。

1901年，我路经叶城时曾听说有一种所谓的与众不同的语言，实则证明是一个杜撰，或者至少是一种已过去了的事。因为无论是提供报酬还是对更进一步调查（我可能会被诱使在他们自己的村里做这种调查）的恐惧，都不会诱使我那些帕赫铺的来访者承认，他们除了塔格里克（即山地突厥语方言），其余什么都不懂。但另一方面，我还是能从他们中较理智的人那里，获得了一些有用的信息。由此我可以肯定，那个合称作"拜什肯特"（意为五个村庄）的山区，人口上有着密切的联系，包括帕赫铺、楚克苏、布龙、玉龙以及桥甫等五条河谷。最后一条河谷中的溪流在提尔下面汇入了叶尔羌河。住在楚克苏的一个伯克管理着这一地方。在所有河谷中，都生长有燕麦以及其他适应高海拔环境的庄稼，其中楚克苏拥有多种稀少农产品的大部分。但山民们的生计主要靠饲养牦牛和羊；正像帕赫铺拥有最大的牧场（分布在那些边侧河谷乌鲁格亚依拉克、奎达、其拉克沙勒迪、图尔阿吉勒、塔什库尔干）一样，尽管其耕地有限，但它还是五个山地社区中人口最多也是最重要的一个。他们使用一种阿克乌依，即毡帐作平常居住的地方，在帕赫铺一共有65座这样的阿克乌依，每帐住五到十人。但是有理由相信这一数据明显低估了。值得指出的是，每年因卖牲畜而上缴到叶城仓库里的税收，仅此一项即折合12亚姆布（即银马掌，约合1 500卢比），这尚不包括伯克另外缴纳的货物入市税。在英国有效控制罕萨（1891年）以前，帕赫铺河谷是坎巨提人特别垂顾的猎场，他们喜欢翻过辛夏勒山口来掠夺牛和奴隶。在现有的记忆中，至少有170个帕赫铺人被掠去，从未有人再听说过他们。

从我的那些帕赫铺来访者中，我获得了关于两处有古迹价值的地点的信息。玄奘曾告诉我们（明显来自他在旅途中听到的故事），在斫句迦国即叶城南边：

有大山，崖岭嵯峨，峰峦重叠。草木凌寒，春秋一观。溪涧浚濑，飞流四注。崖龛石室，棋布岩林。印度果人，多运神通，轻举远游，栖止于此。诸阿罗汉寂灭者众，以故多有窣堵波也。今犹现有三阿罗汉居岩穴中，入灭心定，形若羸人，须发恒长，故诸沙门时往为剃。

玄奘此处记载的这段故事，无疑是根据当地的古老传说而成。因为这同样关于非凡的罗汉的故事，还为印度的佛教旅行家阇那崛多听说过，公元556年他在自犍陀罗前往中国的路上途经了斫句迦。同样明确的是，这个传说必被确定在一些天然的山洞之中。

因此，我特别有兴趣地从我那些帕赫铺来访者中获知，在他们的山中至少有四座知名的洞窟。其中两个（如果不是它们中的全部的话）被看作是麻扎，因而属有关当地信仰的遗址。遗址中有一座洞窟，据说"大得能装下两百只羊"，位于喀拉喀什吉勒尕汇入帕赫铺主河谷处附近，被认作是一个圣徒苏丹奎甫特瓦力的休憩处。另一座洞窟坐落在库兰阿尔古，位于塔赫塔阔拉木山口与库卡勒阳山口间高河谷的源头处。第三座洞窟在奎达河谷，从库克牙到英达坂的道路从中经过。特别令人感到好奇的是，听说在楚克苏有一座小洞窟，靠近通往阳尕特山口之河谷的源头附近，山民们非常敬畏地把它认作是一个能制造奇迹的法奇尔的安息地，法奇尔在"古代"死于此。从上述这些洞窟的位置以及附会的神圣人物上来看，它们看上去非常符合阇那崛多和玄奘听到的传说中的遗址。而且，它们还提供了在这些地方曾存在过佛教信仰的新的明显例证。玄奘关于该地区不需要木材的记载，像目前这些光秃秃的山地一样，看起来都令人感到奇怪。因为在现在的气候条件下，树木的生长才会稀疏。而拉伊·拉姆·辛格在被我派往喀尔里克达坂勘测时，发现了冷杉林，仍存活在塔特里格与塔里什拉格乌格勒之间的阿克其克河谷中，那里海拔近1万英尺。在昆仑山的其他地方，我还没听说过有冷杉或相似的树生长。这一发现，与叶城绿洲中繁茂的树林明显一致，这或许是经过此地高山的季风的湿气残余所带来的不甚干燥的当地气候所造成。塔里木盆地其他地方为考古学证据所广泛证明的干燥化迹象，使人颇有理由地推测，在叶城以南山地中，森林并不像现在这样稀少。

　　关于该地的历史地貌，还有另一个当地事实值得附带着提一下。我的帕赫铺向导都非常了解一个地方，靠近玉龙河和楚克苏河交汇处，那里"在古代契丹时期"（意为亚库甫伯克，目前通称为"阿古柏"——译者）叛乱之前，常被用作采玉场。在《汉书》的记载中，亦曾明确提到子合是一个产玉的地方。前面我们已经谈到，子合一名可能原本用来指包括库克牙及其邻近的山麓绿洲群。帕赫铺地区从库克牙那面有最便捷的道路，也必定一直与它有着密切的联系。因此，关于子合之玉的记载就变得很容易理解了，并可帮助我们更进一步确定所提出的这个国家的位置。

　　7月25日至8月5日，我从库克牙出发赶到和田，走的是一条鲜为人知的路——沿着和经行昆仑山山前光秃秃的丘陵。我选择走这条路来取代上次走的沿着沙漠边缘的大路，其目的主要是想能有机会做一些新调查。这样我就得以走访一系列绿洲，像克里阳、桑株、杜瓦等，皆分布在由积雪哺育出的河流出山口处。这些河流的末端一直到远处的大沙漠中。正像我在"旅行笔记"中所写的那样，它们表现出了各种各样的地理学兴趣。附带说一下，这段旅程给了我完满的证据，证明这条山麓道路由于其长度及所经过的地面状况，不可能是玄奘所走的前往和田的路。但从其他方面来说，这条路上也很少有进行考古学观察的机会。

从巨大而繁荣的桑株绿洲（它是古玛即古皮山国地绿洲的重要附属部分）启程，7月31日我抵达了普斯克河的出山口地方。沿着普斯克河稀落的河水，长长地分布着约40户人家。在这里我初次听说有一座梯木即古代土台，坐落在通往藏桂之路的北面。据当地耆老说，这座梯木被人挖过很多次，最后一次是三个普斯克人，挖后不久即死去。因此，我很容易即猜到这是一座佛塔废址。由于路途太遥远，我不得不在第二天就离开那里。

我沿着河水左岸继续骑行，在那个季节，因为源头没有永久的雪冰供给，那河水只是一条喀拉苏（泉水）。走了2英里后，我到达了一个小垦殖点，那里有五六户人家，大约建于12年前，名称叫作"江尕勒巴格"。在那里，我饶有兴趣地发现了一处小塔提遗址，即一处风蚀的老村庄遗址，分布在一块新开垦的土地下面，其中一部分又在耕地里面。像这种老村庄遗址，是塔里木盆地南缘古代绿洲中很典型的标志。江尕勒巴格的塔提长约0.75英里，宽0.25英里。地表是一种松软的黄土，覆盖着一层厚厚的古陶器碎片。陶片呈亮红色，大多质地坚硬细腻。我采集的有代表性的标本，有一些上面浅浅地刻画出水波纹，我在下面作了些描述。这塔提中很大一部分在这个新殖民点建立之时被开垦成了耕地，而且这一过程到我来访时仍在继续。这地方看起来尚有足够的水来进一步扩大灌溉，至于老村庄遗址的剩余部分再一次消失在农田和黄土尘（这种黄土尘逐渐累积在该地区的所有耕地之上），那也只是个时间问题。由于缺乏可资断代的遗物诸如钱币等，因此我无法确定遗址废弃的年代。但从陶片的特征以及风蚀黄土河岸或我称之为目击者的高度（8~10英尺）上来判断，它必定属于伊斯兰时期以前的遗存。

除了这座塔提，我还路过一处光秃秃的砾石萨依，它俯瞰着宽广的河床，又像冰川那样向着藏桂绿洲倾斜而去。远远地就可以看到一座土墩废墟，矗立在这片极其荒芜的戈壁上。它坐落在普斯克兰干（驿站——译者）以下约6英里处，距河水左岸0.5英里，到藏桂的路现在仍从它那里经过。废塔系土坯结构，有一个方形基座，表明它上面原先有一个穹隆状顶，被所谓掘宝而破坏得一塌糊涂。其现存高度，从建在砾石萨依以上的土坯算起，仅有13英尺。废塔的三面都有掘进去的坑道，在顶部也被掘出一个浅坑来。表面破坏得很严重，关于其基座以及圆顶的布局，未保存下来任何明确一点的迹象，但最下部基座看上去约34英尺见方，其上部建筑可能极类似托帕梯木的佛塔，这是我在1900年在皮山与墨吉之间所发现的一座佛塔，尽管基座部分明显要低一些。土坯用黏土制成，内中含有大量的草与谷壳。

从地面向上4英尺高处，在北面和西面都有一层红柳枝层，密密地放置在一起，可能用以支撑一道突出的泥土楣。树枝层长约1英尺，搁置得很紧密。检查土墩底部，我确信基座建立在与周围萨依的地表极相同的土层上，且是在同一水平上。这证明了这片砾石坡地未受明显的风力侵蚀，这个观察结果与我后来在敦煌以西及北部的古烽燧遗址中大部分沙漠地表上所看到的情况一模一样。令人感到惊奇的是，在下面那些表层覆盖着小砾石的低坡，发现有被风从佛塔上吹下来的土坯碎块。在春夏季节，这里都有一种很强烈的风，从沙漠那边刮过来，横扫过这片坡地。也许正是由于这种强有力的侵蚀作用，才造成了该佛塔遗址以及托帕梯木和其他类似遗迹的严重倾圮。这些遗迹周围，都是那种从遗迹本身分化出来的黄土和细沙。

在土墩周围我未找到任何居住遗迹。在赤裸裸的砾石萨依上，甚至未见到任何的古代陶器碎片——早时期占据的最耐久的证物。因此佛塔那时候就像现在这样，一直矗立在这光秃秃的平原上，普斯克与藏桂之间的路就从它旁边经过。佛塔向东半英里，在宽阔的卵石和沙子的河床上流淌着普斯克河。涉过河水，对岸是一座素朴的泥土建筑的麻扎，它被人们当作一处圣迹，是传说中伊玛目阿里阿克巴尔安息的地方。这座麻扎显然是一度由佛塔担当的圣迹的继承者，也是这些地区信仰延续不断的又一例证。

在接下来的路途中，在我重新踏上熟悉的土地以前，我只在一个地方遇到一处古迹。还是在普斯克时，我就听说在杜瓦绿洲下面有一座梯木。8月3日，当我沿着通往皮亚勒玛的道路从那里下来，它就展现在我的眼前。它坐落在一座聚成一团的陡峭的山冈顶上。它的名称是拉木什基尔，向下俯视着拉木什村极北部的耕地，高出杜瓦河右岸约200英尺。这是一座土墩，高约10英尺，直径25英尺，用一层层石块和泥土筑成，中间散杂有大量的树枝和灌木。其建筑材料和方法，令我回想起土孕墩的坟丘，位于达玛沟的南面，1901年时我曾调查过它。这梯木是否在特征与目的上与土孕墩相似，我所做的快速调查尚不允许我下这样的结论。在对面的河西岸上，一座位于河床一侧的陡峭山脊上还有另一座更大一些的土墩，但因时间仓促我无法前去调查。据我的当地向导称，两座土墩的建筑方式相同。而从我的望远镜中观察，也确实如此。也许有意义的是，在这两个地点我都未听说有任何附属的麻扎。那天晚上，在一段长途跋涉之后（我在其他地方已描述过），我再一次在库木拉巴特帕德夏辛——古雅的沙漠寺庙歇足，那里是玄奘所述的神鼠遗址以及古代于阗国的西部疆界。

第四章

和田绿洲的古迹

第一节　绿洲中的古遗址

事隔五年之后，我于1906年8月5日又重返和田，这片广袤的绿洲曾是我前次探险的考古工作中心和基地。我曾致力于研究其古代地志、历史与现存遗迹，其结果也已全部记录在《古代和田》一书中。因此，我在和田城中的短暂停留（1906年8月和9月），目的只是从当地"寻宝人"那里搜集有关绿洲以外沙漠中可能存在的古遗址信息，并为下一步野外的旅行做准备。因而我在这里不得不提及的也仅限于对地面上仍看到的古迹的补充性观察以及对我在约特干——古于阗国都城遗址所做的这一类观察的简短说明。

首先我能提到的观察是，在从喀拉喀什镇前往和田城、沿着先前未曾走访过的直达路线上，遇到了一处塔提遗迹，即古代占据遗址的风蚀地。它位于一片舌状砂质沙漠的东端，沙漠的名称叫八喇玛库木，在斯帕与拉什库亚的耕地之间，从北面揳入绿洲。地表上散布着红陶碎片，未覆盖有沙丘，看上去很古老。这证明了在古代时期，在喀拉喀什河与玉龙喀什河之间绿洲北部，耕种一直在持续。这些耕种区很有可能沿着这一方向扩展，越过现在的主要绿洲——玉龙喀什河上的英阿日克村和喀拉喀什河上的色日克也孜村所在的前沿线。在我到访期间，绿洲上的耕地正在稳步增加，这主要是由经济条件的改善以及人口增长带来的。这一进程的意义的证据是，八喇玛库木的沙漠飞地，正由于为开垦新土地起见在其边缘修建的灌溉渠道而迅速减少。因此，前面说到的塔提就必然在新垦殖活动下迅即消失，并愈益为伴随该地区的灌溉所带来的肥沃黄土的稳固积累而被埋藏起来。

在亚玛达村南面广阔的塔提地面上，我亦看到了这一进程，在那里新建了一条渠道，正在帮助人们复垦。同样的变化据说正在恰勒马喀赞的大遗址上重演，该遗址位于亚玛达村塔提以上约4英里，在玉龙喀什河左岸。1900年我曾目睹的满布陶片的废地，如今又开始重新恢复耕种。

1906年8月11日到9月8日，我离开和田前往南部的山中，在尼萨和喀兰古塔格以上的冰雪覆盖的昆仑山中，做地形学方面的考察。第一站我到达了朗如，它位于喀拉喀什河右岸，在山脚下，那里给我提供了文物观察的新机会——尽管我以前曾走过它的大部分地方。我把我的路线首先对准了约特干，它是古于阗国都城遗址；我重访了艾丁库勒的沼泽地，还有南岸那戛拉哈纳的土墩。我有很充分的理由将这座土墩与鼓池侧伽蓝废寺对应起来。关于这座伽蓝，玄奘在《大唐西域记》中曾记录了一个奇妙的古代传说。

1900年我初访那里时，地面及沼泽地周围都长满了繁茂的芦苇，以致我无法做进一步的调查。但如今耕地的迅速扩展已将这整个地面都改造成了农田，正像以前对艾丁库勒与和田城之间那块称作"硝尔鲁克"的废地的大部分所做的改造那样。这一变化导致了土墩大小、高度上的明显减少，其土壤被用来施肥。但这样取土的结果，使我现在很容易就看出土墩中包含有很规则的夯土层（图42），每层厚约17英寸。在主体土墩脚下一侧有一条小灌溉渠；向东约30码处还有另一条更小的水渠，上面散布着大量的陶片，非常像约特干遗址文化层中出土的陶片。更有趣的是，在主体土墩北侧一个高出现在地面五六英尺的土层中，发现有烧得很硬的砖块及大块石头。这说明该土墩被连续时期的建筑占据过，并进一步说明了一个结论：该土墩是玄奘见过的古代寺庙遗址，当时它就已经成了废墟。而那个传说从那戛拉哈纳——"鼓室"一名中，亦留下了一些痕迹与此遗址有关。

邻近的三尕孜麻扎证实了一直保存到今天的当地信仰。管事的毛拉用"人生得过多，土地越来越少"来解释我现在看到的正在进行中的大量的新垦殖活动。他自己也在紧靠那戛拉哈纳的地

图 42　约特干附近那戛拉哈纳土墩废墟

方，投资开垦了约30顷地。如果这种农业上的繁荣发展再持续一或两代人，人们就会看到玄奘记载的寺院的最后一点遗迹彻底消失，而鼓池本身也会缩减成一片肥沃的洼地。因为耕地已经开始蚕食到沼泽地泉水周围芦苇丛生的沙丘上。

在约特干，由于长年的淘金和挖"宝藏"，致使那里变成了一个大坑。那里昔日曾是一座古都，现在都变成了这个样子。自

1900 年以来，它还没多大改变。一系列的原因使淘金活动有减少的趋势。作为副产品，人们还挖出了大量令人惊奇的古代于阗遗物。首先是由于在博拉占及其他地方耕地面积急剧扩张，夏季洪水期间从灌溉渠中分水变得不可能，那时渠道中都涨满了水，任何大型的淘金活动都无法开展。另外在挖掘区的北缘，靠近哈尔车小村（那里"能获利"的地层据说一直延伸得很远），农田的增值连同树木、农舍等阻碍了进一步的挖掘。损坏挖掘区边侧渠道的风险，也扮演了一种阻止物的角色，因为如果挖坏了渠道，那里面的水就会冲出来，并流到下面的废地上去。最后还有一个完全明朗的事实是：随着农业劳动的极大增值，靠在约特干淘金所获得的一般性收益已失去魅力（极少数稳定的淘金者除外）。在我访问之时，干这活的男人、小孩一共 20 多人，他们正在淘的地方，整个都局限在以前的挖掘中尚未触及的低岸地带。我被告知大约自 1901 年以来，这些挖掘区基本上未扩展过。尽管工作很有限，出土物又少，但像陶塑像、钱币、石雕等仍持续有出土，这一点可以从相对大量的此类遗物的搜集上得到证明。那一年我在约特干以及和田搜集到了不少此类古物。之后在 1908 年我再访这些遗址时，也收获不小。

鉴于在中国新疆实际上全部古代宗教遗址中都存在过的本土信仰（这些遗址在居住区内或附近仍有存在），在约特干缺乏任何永久性的伊斯兰教寺院可能会让人感到惊讶。因为尽管玄奘记载的都是与其周围的大量的佛寺和佛塔有关的有趣传说，但并未提及在于阗古都中有任何重要的寺院——那里肯定包含有一座以上的宗教建筑。在这次考察中，当我从一个新的方向接近遗址时，发现了一座在当地很著名的麻扎，名叫如肯乌德丁撒西布，建在极靠近挖掘区东南角的地方。传说中说现存寺庙部分已有约300年的历史，而清真寺中那些精致的古木雕，则属于那个传说中的圣徒墓上的遗物。在附近棚架边那些高大的树木，看起来也完全证实了这一说法。

从约特干到朗如的旅行，使我有机会重访库赫麻日麻扎。该遗迹很久以前即已为人所知，在和田的佛教遗迹中，以瞿室馀伽（意为牛角）或瞿室尔沙（意为牛头）山而著称。这素朴的寺庙未发生任何变化。伊斯兰教的圣徒继承了玄奘的罗汉，据说他长眠于此。那烟熏过的神窟也没有什么改变，它坐落在牛角山下，俯视着喀拉喀什河水。近来修建了一条简易的通道，可以通到一条小而陡峭的溪谷中，溪谷延伸到濒临河岸的聚成一团的断崖面上，要想接近那条通道只能通过很粗陋的梯子。在向那里下降时，我经过了两三个浅窟，浅窟高出河床约100英尺。再向下约60英尺，我发现还有6个这样的浅窟。这些天然洞窟让我回想起在比哈尔的拉吉格尔和杰特显见过的那种作庇护用的石洞。关于这些洞窟的用处，正像有一时期人们对比哈尔的这类窟所作的推测那样，可能是用来做托钵僧们的寄宿处等。这些洞窟深4~12英尺，有一部分为石壁上掉下的碎屑所填满，对于古代遗物来说，正好起到了保护作用。因此下述念头自然就浮现了上来：著名的杜特雷伊·德·安的桦皮书碎片——1892年与库赫麻日洞窟本身有关的发现——是否原本不是获自这些洞窟中的一个。

接下来我继续我的行程。在奴西亚村以外的喀拉喀什河右岸，距该村上端约1英里，我注意到一条小沟或亚尔的两岸，那上面有路通过，还有连续的陶片层及类似塔提一样的遗物等碎屑，厚6~8英寸。现在的地表上分布有肥沃的黄土堆积，位于此文化层之上，厚4~6英尺。现在还没有耕种迹象，但从以前存在的厚厚的土层上可以猜出，现在的地表下可能埋藏有古代聚落的遗存。一条狭窄的耕地，从河岸一侧延伸到法伊札巴德村，这中间有大约1英里的距离。在耕地入口处，我遇到了另一种古迹的痕迹——梯木，一座小而完全坍塌的土墩，它的直径约15英尺，高出路面约12英尺。毫无疑问，这是一座人工建筑，可能就是一座佛塔遗迹。

法伊札巴德村对面，是河左岸壁立的断崖，高约120英尺，间夹着红和蓝灰色的地层，砂岩质，俯视着河水。当夏季来临时，河水开始上涨，断崖脚下滩地即变得无法接近。在断崖上五六十英尺高的地方，可以看到一个洞穴的长方形入口凿进岩层之中。1908年4月，我重访那里时，涉过河水，从左岸近距离地察看了这个人工凿挖的洞穴。洞穴入口宽约10英尺，高8英尺，深约6英尺。其中央背面有一道低矮的门道，高约5英尺，宽3~4英尺，由此可进入某种内部洞窟。洞穴顶部呈拱形，像被截短过的三角形。这些有限的面积让人推测，这个挖凿出的洞穴更可能是用来作一座坟墓，而不像是用来作寺庙。我当时及后来都没时间来搭建一座脚手架，进到这座奇异的洞穴中观看一番。在我看来，这个洞穴很可能属于伊斯兰时期以前，而且让人自然联想到它要么属于聂斯托里派基督教徒，要么属于摩尼教徒。由此看来，也许值得注意的是，这个洞穴以下约2英里处河左岸上的大村庄乌加特（那里的名产是葡萄），在后来的传说中，似曾作为一处一度为聂斯托里派基督徒住过的地方；或者至少是一些被认为不虔诚的穆斯林。

从法伊札巴德起，骑马走过高悬在河岸上长约3英里的裸露的砾石高地后，我的视野中就现出了朗如的最东边的农田。这时紧靠路的右侧出现了一座废弃的城堡遗迹，以前我就听说过它，当地的传说把它与一个叫昆煞士魔马的古代神灵联系在了一起。城墙颓毁得很厉害，围成一个不规则的四边形，坐落在河水右岸与干砾石沟之间角落处一块石质高地的边缘。围墙的西北边沿着高地的边缘修建，高地下接陡峭的河岸，高出河面上百英尺。东北边的墙沿着砾石沟边缘分布，曲曲折折，长约300英尺。东南墙长245英尺，土坯中满含砾石，它们构成了墙体的建筑材料。墙的底部平均厚8英尺。靠近东南墙看起来像出入口的地方，墙体残高约15英尺。它们的建造都很粗陋，看上去很古老，但在围墙内部，既没有建筑遗迹也没有其他遗物让人对城堡的年代作判断。不过可以明确的是，这是用来封闭通往喀拉喀什河谷以及自南山出山口那面过来的道路的一座小堡垒。

第二节　在约特干及和田一带搜集的古物

如同在我前次旅行中一样，在1906年和1908年连续访问和田绿洲期间，我都尽力从村民们或当地代理人手里搜集古物。村民们是通过在约特干的淘金中而获得古物；当地代理人则惯于搜集此类东西，如古钱、石雕、花纹陶瓷等，他们在和田的巴扎上有自己的路子。可以肯定的是，这些代理人获得了每年在约特干淘金中发现的大量小物件中的主要部分，只有一小部分是从"寻宝人"那里得到。一到冬季，那些"寻宝人"就前往绿洲附近的古遗址中去寻找这一类古物。因此我只要在和田某一个地方就很容易收购到各种古物。

所有我搜集的古物中，无论是我个人经手还是由我值得信任的当地总管巴德鲁丁汗（印度和阿富汗商人的头领）经手，凡是公开声称来自约特干遗址的古物，或者出处没有明确声称来自约特干遗址的古物，但看上去又像是从那里挖掘出来的古物，都做了妥善处理。至于通过其他渠道获得的古物，在利用任何一件做文物争论的根据时，更有必要引起注意。

有了所做的这一区分，人们就很容易看出来，主要遗物其实都是佛教时期于阗古都繁盛的文明留下的。它们在特征、风格及材料上，与先前从约特干遗址文化层中搜集到的文物极其一致。

在这些搜集品中，我以前为印度政府连续收购的文物，在1901年时即已被霍恩雷博士做了很有学问且详尽无遗的分析。我前次探险时获得的约特干文物对我们的材料是一个明显的补充。它们在一般特征上有很大的相似性，它们确实是太接近了。

1906—1908年间，我搜集到的文物在数量上大大超过了我第一次和田之行所携回的数量，但是这两批文物所表现出来的类型上的同一性仍一样大。这一事实，我想将会证明我刚才说的对古物作简洁说明是正当的，即使时间和空间的局限性并未强加给我这一限制。

约特干遗址的文化层，应算是在一个连续占据达数世纪之久的遗址中诸遗物自然堆积的结果。如果我们能考虑到这样一个事实，即诸如老和田城所习用的那些建筑材料，譬如土坯、夯土或木材和枝条，必定都彻底颓毁在由于不间断的灌溉而潮湿的土壤中了。这样我们就很容易理解，在约特干淘金时挖掘出的遗物中，为什么最大量的东西会是陶器。它们一旦被打碎，就会被弃置在那里，成为无用的垃圾。从陶片的现状上来看，也证明它们后来没再受到任何更进一步的损坏。但是容器就不一样了，从实用的角度考虑，它们极少会被弃置到碎片层中：这就说明了新搜集品中那些完整器物的价值所在（图43）。图44是一件双耳细颈罐，细泥质，红色，上面保存有大部分装饰图案，很丰富。有两个陶罐上面刻画有线条纹饰，在器形上反映出希腊的影响。还有一些各种形状的小容器，上面常常都有一对把手。

图 43 保存完好的陶器

图 44 双耳细颈陶罐

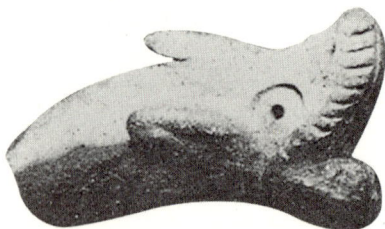

图 45 陶器上的动物形状部件

图 46 陶器嘴部

图 47 疑似香炉的陶器

图48　器物上的装饰物

　　在完整的双耳细颈罐等器物上，其把手或耳一般都做成奇形怪状的动物形状（图45），这说明了为什么会发现大量的此类装饰品。从图46中还可看出器物嘴部也做成了动物形状。图47是一件不明用途的奇怪的器皿，也许是一只香炉。

　　常见器物上的装饰物，由模塑成的部件组成。它们分开制作，并在焙烧以前贴在器物上，因此很容易脱落。这就解释了为什么存在着大量奇形怪状的人和动物等塑像，看起来它们是最令人喜爱的装饰物（图48）。

图49是人脸模型。在某些情况下，其表现手法和镶嵌方式继承自戈耳工类型，如图50所示。在动物面型中最常见的是狮面（图51），但也可见到羊及一种猛犬的塑像（图52）。在这些贴压上的器物装饰物中，还可见到整个动物的塑像。

图49 人面陶塑

图50 戈耳工风格陶塑

图51 狮面陶塑

图52 猛犬陶塑

图53 戴花冠的女性陶塑

一种特别偏爱的图案是戴花冠形象的女性，意指一个乾闼婆，这在和田及其他地方的古代装饰艺术中都很常见（图53）。其中的一件具有特殊的意义，因为它反映的是对佛陀施舍钵的崇拜，这是犍陀罗雕塑艺术中很常见的一幅场景，在这里被按着几乎完全相同的样子进行处理。此种希腊化佛教艺术的影响，最显著地反映在陶器碎片上（图54），该器物也许是一件特别大的器皿的一部分，上面塑有两名乐师，正在某种建筑物的连拱廊下演奏。在这

图 54 乐师陶塑

图 55 装饰性陶塑

里精心制作的背景建筑物的所有细节，包括佛教式栏杆，以及印度—科林斯式圆柱，仿佛是从一些犍陀罗浮雕中直接借用过来似的。考虑到与犍陀罗建筑风格之间的这种密切的关系，再看到这样清楚明白的古典因素如矮棕榈枝、叶板和棕叶饰等图案（图55）时，就不会感到惊讶了。

　　在搜集品所包含的大量陶塑头像（男性和女性，做成圆形）中，有一部分至少是用作器物装饰品，尽管其准确用途尚值得怀疑。它们的意义在于从这些人头像上清楚地反映出的种族类型，这在男性头像的例子中（图56）反映得特别明显。他们很成型的雅里安特征，包括高鼻梁和深陷的眼窝，证实了人类学和其他证据所引

图56　男性头像陶塑

图 57　女性陶塑

图 58　女性陶塑

导我们作出的关于古代和田人口的种族特征及其与帕米尔地区的阿尔卑斯人种类型间的联系的推测。这里所谓的类型，肯定基本上都是本土的，这一点通过与阔塔尔僧侣塑像中借自希腊化佛教艺术的传统头型相比较，就很明确了。

图 59　女性陶塑

　　女性头像的情况亦是如此，很容易从那些来自犍陀罗、可能属于乾闼婆以及相类似的神灵（图57）的贴塑头像中区分出当地类型来，它们通过一系列标本表现出来（图58）。一个很奇异的特征是其发饰上所表现出来的极大的花样和精致。从少数完整的女性塑像上，还提供了有关服装式样的有趣的、附带的细节（图59）。

　　但是如果与大量的、表现动物形象的赤陶像相比，人物塑像就显得很稀少了。在动物塑像中，猴了像人占优势。关于这些塑像所采用的很聪明的模制方法（虽然尺寸很小），赋予它们以人类的姿势和表情的艺术上的技巧等，我在有关前次搜集品的说明中已经提到。对猴子头部的处理富于变化，从精心的自然主义到粗

图 60 "色情"塑像

犷但给人以深刻印象的奇形怪状。和田人的幽默通过对这些猴像的漫画化处理手法再现了出来，如那些表现猴子正在演奏乐器的塑像以及大量"色情"塑像等（图 60）。

乐器中以吉他最为常见，像其现代后裔的乐器拉巴布琴一样，是一种特别令人喜爱的乐器。此外，我们还发现有排箫、鼓和竖琴，持在一个人像的手中（图 61）。长笛和铙钹可见于图 54 这一赤陶浮雕中。人们对孩子的喜爱，可通过常见的表现幼猴在摇篮中或被抱在怀中的塑像上反映出来（图 62）。一组特别令人好奇的塑像是图 63，它表现的是一只母猴，怀中抱着幼猴和鸟，按照安喀塞斯样式被它的公猴扛在肩上。在这里我们还应该提到的是：有很有趣的例子，证明在和田早些时候猴子皮被用来充气做皮筏子，以作渡河的工具。显示的是一些猴子皮正在水面上漂浮的场

图 61　持竖琴的人物塑像

图 62　摇篮中的幼猴塑像

图 63　怀抱幼猴和鸟的母猴塑像

图 64　跪猴塑像

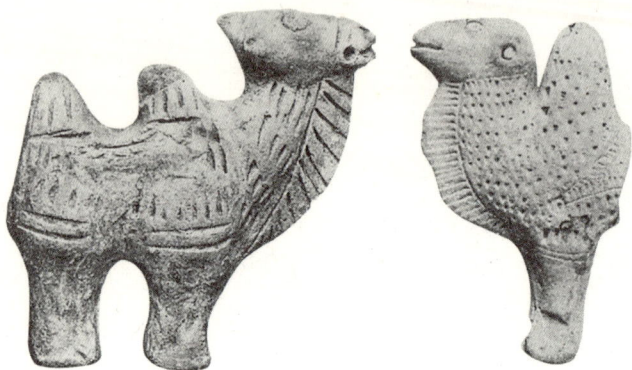

图 65　骆驼塑像

图 66　负载骆驼塑像

面；而在图64中，一只猴子正跪在那里，背上有一张皮，准备着被利用。这一类的猴皮筏在小型陶塑中也另有反映。

在其他类动物塑像中，骆驼最为常见（图65）。图66看上去像负载着东西。此外还可见到孔雀和公猪等（图67）。

对于陶器及赤陶制品来说，我们可以有把握地推测其当地起源性，但对其他类型的古物如石器、金属器和玻璃器而言，我们就感觉不到这样的把握了。这些古物都包含在约特干及和田的搜集品中。虽然如此也丝毫不损其意义，因为如果它们实际上不是在和田地区被制作，那它们就是利用进口模型制作的明确证据。通过它们必然推测出：这些古物直接表明了那种来自印度和西方的艺术影响。因此可以肯定的是，那件雕刻得很好的滑石质小雕

图67 孔雀、公猪塑像

图 68　石质浮雕

图 69　裸体浮雕

图 70　和田式猴子浮雕

像——一件小佛塔的顶部，在佛陀和奇形怪状的动物像之上，还有一连串的伞状塔尖——显然是从犍陀罗传到古和田的。同样的结论可能还适用于小型滑石质浮雕（图68）以及雕刻得很好的裸体像（图69），用一种板岩类的石头制成。其他滑石雕刻风格尚不明确，而图70中的猴子像则明显是和田式的。

各种金属器物中，大部分是青铜器，如图71所示。关于它们的制造地区仍然很难确定。在金属器中，还没有器物在模制或装饰风格上与我们已知道的其他和田古艺术品有什么明显的不同。具有明显价值的器物有：一件青铜质小台的腿部；八边形金属包头的装饰品，似一权杖的头部，也是青铜质；一件奇怪的器物，像守护门户的两面神的头颅（图72），其用途不明。富有启发意义的是一些黏土范，系别人转交给我，发现于他木屋吉勒，用来铸造一些小型青铜器。这些黏土范揭示出了铸造方法。在先前的报告中我已详细指出，淘金活动就发生在这地方，靠近和田绿洲的东北边缘，也像约特干那样的文化层之中。

金饰品小件，代表了一类发现物，它们很少保存在坩埚中，这对考古学来说，在价值上就大打折扣了。在大量的玻璃和石质串珠中，以白色镶嵌出图案的应单独挑选出来加以简要说明，因为其技术至今仍需要专家来确定。明显有价值的还有一件用烦琐手法装饰的玻璃珠，系镶嵌工艺品，因它反映出一种规则的西方类型特征，在罗马帝国很常见。西方玻璃器传入中国，被证明是在一个相对晚的时期内的事；而与此同时仍然无法肯定的是中亚

图 71　金属物件

图 72　金属物件

是否也制造玻璃，像这样不容置疑地直接从地中海地区进口的证据是否有价值。

在约特干或和田城搜集的印章，无论是金属质印章还是石质印章，它们都显得与我上一次旅行时在和田地区的遗址中发现和获得的相同类型遗物极其接近。因此，它们的本地起源性可以不用怀疑。至于凹雕就大不一样了，我们在这里找到的这一类物品无疑属于晚期古典作品；另外一些尽管属于东方式，但必定是在比和田更西的地方制作。前一类凹雕有：制作很好的女子半身像；亚历山大类型的无胡须男子头像；很精致的戴头盔男性头像，此外还有波斯人面孔的头像；一个罗马战士的半身像；大型无胡须男子头像，周围是用不同的手刻写的婆罗米文字。此外，还有大量的有代表性的凹雕遗物尚留待介绍，它们中大多数都很小。它们几乎都是动物雕像，常常用惹人注目的技法来雕琢，其设计大胆，但很给人一种力度感，令人回想起约特干陶器和塑像中的那些作品。考虑到这些凹雕中的大部分都是用玉髓及光玉髓一类的岩石雕刻而成，和田东面的昆仑山中能不断地供给其材料，而且这一类遗物在我的第一批和田搜集品中也有大量的代表，因此我现在倾向于认为，它们极可能出自古代和田的雕刻师之手。

我将出自约特干或看似出自该遗址的相对大量的钱币搜集品放到最后来叙述，主要是因为它们被 J. 阿兰先生专门做过著录。此外也还因为，由钱币所提供的年代证据的价值，在购买的情形下明显要比能被证实出自遗址本身的价值小得多。得到这些古钱时，我连做一次最粗略调查的闲暇时间都没有。这里所提供的简要说明，都是根据 J. 阿兰先生提供给我的对这些钱币的初步分析做成，仅限于一般性地介绍其年代学关系。在这里，为了得到一个更可靠的做观察的基础，我认为最好是将那些我在和田购买的钱币搁置一边，关于这部分古物的来源，还没有任何有价值的信息资料。

从约特干搜集到的钱币（皆铜质，仅一枚除外），其年代范围与我在1900—1901年所获的搜集品年代范围一致。它们从可能属公元最初几个世纪的和田汉佉二体钱，一直到宋朝时候的钱币，其中最晚年代为1078—1086年。另外还有两枚印度—斯基泰钱币，系迦腻色伽钱。

已验证过的钱币总数为337枚，所代表的主要钱币的发行量相对较小。除少量不是中国钱币外，还有47枚当地的汉佉二体钱，正面是汉文铭文，背面则是印度俗文字。早期的中国钱币为五铢，既有西汉时期又有东汉时期发行的，它们占了一个很大部分，总数为113枚。但必须指出的是，这些五铢中有48枚出自同一座窖藏——这个意外发现必会打乱正常比例。关于公元5世纪和10世纪的隋和宋王朝钱币，J. 阿兰先生分辨出了3枚五铢是属于隋朝时候的钱币。

关于上面有"开元通宝"铭文的钱币，仅有4件标本。这种钱最初是由高祖铸造，在有唐一代一直发行。另外在这些钱币中，标有"乾元"年号的属于不同发行量的钱币数量至少有134枚。钱币中出现的最后期的唐朝年号是大历，这一类钱币发现有28枚。属于至道、天禧和元丰年间的钱币各一枚，证明了约特干遗址在宋代还被占据着，并在伊斯兰教征服之后，也仍与中国保持着持续的联系。伊斯兰时期的钱币有3枚，系穆罕默德·阿尔斯兰汗钱币，属公元11世纪。

有趣的是，如果我们将此次在约特干搜集到的各种钱币发行量的比率，与我在和田得到的、据公开承认获自绿洲东北边缘以外的古遗址——例如阿克斯皮尔和杭桂的塔提遗址——的诸种钱币总量的比率作一对比，就会看出一些问题来。在总数为124枚的已确证过的钱币中，包括有1枚王莽钱，9枚汉佉二体钱，

8枚汉代五铢钱，26枚可能属于公元5世纪的剪轮五铢，17枚唐钱（主要是乾元重宝），17枚宋钱，以及46枚伊斯兰时期发行的各种钱币。这一分析表明，上述塔提遗址中属于晚期钱币的比例明显增多了。这完全与其他的古物证据所指示的它们的废弃时间相一致这一事实既符合我前一次又符合这一次在约特干所获文物反映出的情况，它必将为研究这座古都的历史增加一份钱币学的证据。

第三节　吉亚北部的沙漠遗址

8月，我刚到和田时就已特意派出一小部分的当地"寻宝人"（像巴德鲁丁汗那样古怪离奇的人）到东北面沙漠中去寻找有可能进行探察的古遗址。我从山上返回时，他们也及时地出现了，带回来了一些古物标本。据他们说，古物标本是从不同的塔提中的建筑遗迹附近地面上采集到的，或者是从其他那些以前曾试过运气挖掘过遗址的"寻宝人"手里得到的。我颇费了点周折从他们那里了解了一些有关那些不同遗址的精确方位、距离等方面的信息。根据这些信息判断，我可以凭借前次在当地探险的经验，来为我即刻开展的探险迅速地准备一份计划。

于是在五天必要的休整中，我做好各种准备工作后，于9月25日离开和田去探险。我的第一个目标是重访那座大而有趣的热瓦克遗址，其中部分原因是想知道自我1901年发掘以来，那里在周围沙丘侵蚀下究竟有什么改变。此外我还想去查看新近报道的其邻近地区发现的一些遗迹。

　　沿着吉亚肥沃的绿洲行进了约11英里后，我来到一个叫苏亚的村庄，村庄的外面已经开始进入沙漠。一大片老托胡拉克或胡杨树簇拥着一座麻扎，表明这片一度沦为沙漠的土地又曾经被重新垦殖过。然后我们又沿着一片光秃秃的砾质萨依（沙漠）前进，两岸都是高大的沙丘，这是玉龙喀什河的古河床，现在仍被称作"阔纳达里亚"。我们一直沿着这河床走，直到夜幕降临迫使我们不得不在一片叫作"那其库都克"的盐碱滩附近歇憩下来。第二天早晨，我不再向北方前进，而是改道横行，穿过一条平稳上升的沙丘带。行约6英里后，我就再次看到热瓦克佛塔的废墟，它那白色的土坯堆远远地就闯入我的眼帘。

　　1901年4月，我曾对这废墟进行发掘。在这座废址的庭院中，发掘出了大量雕塑。这个遗址的环境细节仍清楚地印记在我的脑海中，自上次发掘以来，这里发生的变化令我看一眼即铭记在心。在四角形佛塔的东北和西南边，那时曾有长长的高沙丘覆盖着，现在它们已移到东南方去。沙丘顶端高20多英尺，原先曾沿着东北围墙分布，现已扩张入佛寺庭院南角约37英尺。西南墙上的沙丘也同样向前推进，使这段围墙在沙子之上能寻到的仅剩10英尺长的一小段。东南面显露出的一小段围墙建筑是自1901年以来人工挖掘所为，为我充分显示出墙体的构造状况。我曾经在墙上发现过一排连续的草拌泥泥塑，大多都很巨大，但如今都只剩下一

图 73　热瓦克佛塔废墟，自四边形西南围墙之上的沙丘眺望

些裸露的土坯。在我第一次到访这里之后的某一段时间，据说塔
木奥吉勒附近库玛特的一大批中国内地挖玉者，也跑到这遗址来
试他们的"寻宝"运气。他们凿破了东南围墙，挖了一个出入口，
将它上面那些脆弱的草拌泥塑像全都铲掉。我上次在发现它们之
后曾特意用沙子掩埋过，现在却证明是徒劳。还有那些当时揭露
出的有价值的和田雕塑艺术品，所有能存到今天的，恐怕只有我

当时拍的那些照片了。有了我眼前上演过的这一幕破坏剧，我感到欣慰的是那些移动的沙丘，对经堂庭院的其他地方被沙子掩埋的一些泥塑像来说，意味着又增加了一层保护物。

　　这种沙丘移动也改变了佛塔本身。五年以前它那给人以深刻印象的三层基座，除东南部外，已全被流沙所掩埋，而现在它的上部分以及第二层基座大部分都显露了出来（图73）。因此，上次所绘的基座的平面图，还有特意塑造的四级台阶式的突出部分，这一次可以全面得到验证（图74）。在新暴露出的基座上，可看到有更多的盗洞，这明显都是过去干的。充斥于窣堵波庭院中的沙丘之高，如果没有充足的时间与财力，对它做一次全面的清理，也将会像上次一样极不实际。但是通过在东北台阶南面凸角处所做的一次发掘，则使我得以观察到自顶至底部的剖面线条。另外

图74　热瓦克窣堵波基座造型，位于东北面台阶附近拐角外

沙丘状况的变化还迫使我放弃了清理塑像的希望，我觉得沿着窣堵波庭院的西北墙，有可能仍还保存有一些未经触动过的塑像。因为这段院墙的顶部在1901年时刚露出沙子上面一点点，而如今一座大沙丘已完全覆盖了它的上面。

我能描述的另一幅关于沙丘改变的图景，是1901年4月我曾扎过营的那片大空地，当年还是一片裸露的侵蚀地，现在已全被埋在沙丘底下。这些关于沙子状况的准确比较，还有五年多以前的观察，有着一种特别的意义。它明确支持已经提出的一个观点：热瓦克的高大沙丘是玉龙喀什河泛滥后留下的细质河相沉积物，河水将它们从河岸上冲刷下来，沿着这地方交替刮的东风和西风方向带进了沙漠之中。

离开我在热瓦克的营地之后，当天我又朝西南方向出发了。根据我雇的两个"寻宝"向导的报告，那里有一些梯木及一座废弃的建筑物。我们在密集的沙丘群中跋涉了3英里，那些沙丘高约40英尺，中间有一些芦苇滩及间杂的沼泽洼地。其中有一个人认出了遗迹点，五年以前他曾看到过一座废土堆，现在又藏在沙丘中。再走2英里，第一座梯木就适时地显身了。这是一座已完全颓废的窣堵波，高出周围沙地之上约12英尺，基座约24英尺见方。向南有一道裸露的凹地，显出这里为泥墙遗迹，几乎已全被侵蚀掉，地面上尚分布有很多陶片。我采集到的陶片中，有两片上面有一层暗绿色的釉面，它们在本节后面已被做了著录。此外我还采集到了一支中式墨或石墨小笔，以及若干枚中国钱币，上面没有铭文，剪轮甚，J. 阿兰先生倾向于认为年代为公元5世纪。这个小塔提及其周围遗址，被乌坦奇或绿洲来的打柴人称作"阔克库木阿里斯"。

再向南约100码处有一条狭窄的灌溉渠，宽只有两三英尺，地面上可看到的长约30码，自西南流向东北。向南再走200码，我来到一座古代的蓄水池边，它宽约50英尺，其土堤曾因潮湿而变得很硬，现在仍明显地高出周围被风蚀减低的地面。甚至连那种被称作"都木白勒"的小土堆尚可辨识出来，这种东西在今天村民家里的水塘中央仍一成不变地在使用着。向南约60码远，还有另一座坍颓严重的土坯建筑的土堆，直径约25英尺，高出周围地面约8英尺。虽然未保存下建筑物的轮廓，但几乎可以判断出它非窣堵波莫属。紧邻其南面，一条灌溉渠蜿蜒而去，其渠岸依然很坚硬，尚存有因潮湿所遗下的盐渍痕迹。我在渠底发现了一些古代的木片，干裂严重，属铁列克或栽培的阿尔巴杨。另外还可清楚地看出一条窄小的支渠从该渠上分出，流向西北方向。据我的向导喀斯木说，向南更远的一些地方还有与之同样的渠道，时不时地在高沙丘间露出。灌溉渠的水来源于玉龙喀什河，那河水在遗址以西，它与其现今泛滥河床之右岸间有7英里宽的距离。

我的向导所说的"老屋"隐藏在一个湾似的凹地之中，周围是一片红柳沙丘，向东稍远处还有一些陡峭的沙丘。我很容易就辨认出那稀落的遗迹，实则是一座寺庙建筑，用木材和泥巴建成，南北二墙内侧长27英尺3英寸，东西二墙长24英尺10英寸。照丹丹乌里克的样式，寺庙的外侧四面还围有一道宽约7.5英尺的外侧通道。我让工人们对寺庙做了快速清理，之后发现这寺庙的断壁残垣高出泥灰地面不足2英尺，其厚度约6英寸。而原先的那些木框架也已全部被地下水的潮气侵蚀，只留下一些柱子基部，宽约6英寸。

在角落里堆积的流沙对草拌泥墙的表面起到了一种保护作用，使原来的一些装饰色彩得以保存下来。这主要是窗花格图案，以黑彩绘在红底之上。在几处地方反复出现有一种大花朵图案，宽约7英寸，极类似四瓣铁线莲式的花朵。这种图案我在1901年从尼雅遗址发掘出的古木雕如木椅的装饰花纹中已很熟悉。其他残余的装饰图案，在色彩和图案两方面都令我回想起在尼雅遗址房屋废墟的中央大厅中所见的壁画。尤其是在外侧围廊东部内墙底上发现的彩绘壁画，更具有这种相似性。这些壁画明显是从目前已颓毁的上部分墙壁上坍塌下来，随后又被沙子掩埋和保护下来。此处的四瓣铁线莲绘成在白灰墁地上的烧土色，还带有一卷用黑彩绘的装饰图案，像一卷束带一样。

从这种装饰上来看，它明显支持这一假设：这座废庙像热瓦克佛塔一样，其年代可能介于公元4—7世纪之间。我在周围塔提中采集的，或别人从这些地方采集后交给我的钱币中，均无唐代及其以后的钱币，这一点也证实了上述推测。这一年代推测，还与遗址周围裸露地表被风力侵蚀减低的深度（10~12英尺）相一致。另外我们还看到，寺庙在废弃前或废弃后还遭受过火灾，这一点可以从寺院内和附近散布的大量的炭渣以及现场中黑色的墙壁表面上看出来。

但是，要想从这一孤立的事实中提取任何有关这整个地区为什么废弃的结论，还不可靠。另一方面，通过一天的观察我已看出，过去那种连续的耕地，必曾扩展至苏亚附近。如今绿洲北缘至热瓦克佛塔之间的广大地区，从南到北长约8英里。这些地方现已全被埋在高大沙丘底下。从现有资料来推测，这里很早就已废弃，这一看法有特别的意义。首先，它虽然紧邻玉龙喀什河（后者仍然供给这些地方大量的地下水），但仍无法保护它免于沦为沙漠。其次，重要的是我们观察到一个极其靠近主要绿洲的地域，其废弃时间要早于沙漠淹没丹丹乌里克聚落（位于东北面约60英里之外的沙漠中）之前数世纪。这表明，普遍性的干燥化进程本身对耕种区范围内发生的这些变化并不能提供一个充分的解释。

9月17日上午，在对围墙附近的沙丘做了最后一次勘察之后，我告别了热瓦克继续前往基内托克玛克废址。我的老向导吐尔迪的妻子与其前夫所生的儿子肉孜及其"寻宝"伙伴们，曾从那里带回一些小草拌泥的和田泥塑碎块。这些东西原是墙壁装饰品，比较坚硬，由于长期暴露在夏季热力与沙漠烈风之下，已经裂开和损毁了。由此向南稍偏东方向行进约0.75英里后，我的向导们指给我看一座梯木遗迹，他们以前曾提到过它。那是一座坍塌严重的窣堵波，尚存大约15英尺高，几乎完全被一座大沙丘所掩埋。由此东北行约半英里，穿过一片高沙丘，我们出现在一条带状的地面之上。这里流动沙丘的脊很低，上面时不时地覆盖着小片的散布有陶片的地面。据说这样的地面向北一直延伸到一个叫作"富木贝库木"的遗址，我在1901年4月曾调查过那里。

在从热瓦克出发走了近4英里之后，我到达了所谓的"老屋"遗址，肉孜和他的人曾从这里带走一些泥塑碎块。"老屋"位于一小块平地的中部，上面有一些高仅6~10英尺的沙丘。遗址的状况与我根据那几件遗物所推测的非常一致。它包括一些古代土坯墙遗迹，构成了一个长方形建筑的角隅，可看到的墙迹在东南面约34英尺，西南面约40英尺。如果西北方一段破坏严重的墙属于这个四边形建筑的一部分，则该建筑朝东北和西南面墙的原始尺寸当为约62英尺×82英尺。但是这里的地面又受到了过多的侵蚀，不允许做可靠的测量。现存的墙体仅高出原地平面约2英尺。从附近捡到的一些小装饰泥塑碎块，以及沿东南墙外侧保存下来的一段宽约3英尺的外侧通道或围廊来看，这些墙壁遗迹曾围着一座寺庙内殿。但原先曾是这座庙宇内部的地方，现在是一个空荡荡的凹地，低于现存墙壁最底部土坯层6英尺多（图75）。那犹如被一道激流冲刷到墙下的泥土，清楚无误地显示出风力侵蚀曾多么厉害，具有毁灭性的破坏作用。

尽管遗址各建筑物上存在着无处不在的大浩劫痕迹，它仍不足以擦去其原来装饰的全部痕迹。在曾一度为庙宇所在的侵蚀地面上，采集到的一些小的白色硬泥塑碎块，原先曾贴塑在墙壁之上，它们在特征与风格上都与在热瓦克寺庙殿堂中所发现的很相似。所有这些佛寺中的小遗物，在特征上特别让人想起在阿克斯皮尔附近的其吉里克遗址中发现的更为大量的遗物。也有可能基内托克玛克遗址遗物碎片（皆呈熟石膏般白色，拉毛泥质）的高硬度，也许正是由寺庙废弃时意外的火烧所致。在小遗物碎屑之中也发现了漂白色的木雕碎块，其中有一块清楚地显示出一个属于

图 75　基内托克马克废寺的风蚀遗迹

佛教的建筑围栏图案。

我从这里继续向北行，穿过低矮的沙丘，走了约1英里的路程，来到一个苏亚"寻宝人"阿合玛德指给我看的其他一处"老屋"遗址。它们是一些中等大小的居址，用木材和篱笆墙建成，最初被自然侵蚀所毁坏，最后又因为沙丘移动将它们暴露了几个世纪，那些"寻宝人"又在这里大肆挖掘破坏。其中损害最少的是两个房间，仍可辨认出长约15英尺，宽13英尺，墙上的灰泥面之间还显示有水平的芦苇束。其中一间房屋的灰泥地面上还有一排圆洞遗迹，宽约2英尺6英寸，深6英寸，显然是大型缸瓮类器物所在的位置。在这几处残存废墟中所做清理的结果，仅获得一些陶器碎片，此外一无所获。据说在更北的沙丘间还有一些同类型的陶片，这些沙丘有25英尺多高。

由此转向东南，我们抵达了一片地面。这里沙丘迅速变低，到处都被侵蚀过，有大量古代占据的痕迹，明显地接近令人熟悉的塔提类型。受侵蚀的地面上散布大量陶片。在薄薄的流沙之间，仍处处保存有更令人感兴趣的遗迹。低矮的果树和杨树树干曾环绕着这些农家宅院，但现在这些宅院都已消失。在一个地方还有一排吉格达或沙枣树，说明这里曾是一座果园。在此地采集的小物件中，有一件精致的玻璃片，系一件容器的边沿，呈淡黄绿色，外表装饰着一个花彩图案。值得记述的是，在基内托克玛克一整天的"发现物"中，仅有的钱币是两枚无铭文的中国钱币，属于一种可归于公元5世纪的类型。

从基内托克玛克废墟北端向前行近3英里，这种古代占据的痕迹一直不间断地延续着，直至在东南面与前已提及的古河床线相遇处为止。这里有一带很繁盛的沙漠植被，包括很多野生杨树，表明这里仍存在有丰富的地下水。当夜晚来临时，我们便在一处叫作"塔尔库都克"的含盐的泉水边歇息了下来。

第四节　阿克铁热克遗址

9月18日早晨，我离开营地南行，前往阿克铁热克遗址。肉孜和他的"寻宝人"伙伴们，曾从那个遗址中给我带回一些有趣的赤陶塑像，这些东西无疑是从一些佛教寺庙的墙壁装饰物中获得。我先是沿着古河床边缘走约3英里，然后再走八九英里，经过一片光秃秃的小沙丘群，来到一座废弃的土墩跟前。我一下子就认了出来，这正是阿尔卡库都克梯木窣堵波，1901年时我曾经从杭桂那边来访问过它。尽管我们的路线是选择沙地间大量的黄土地块通过，但我所注意到的古代遗迹仅是一座小且完全坍塌的土坯堆，高5英尺，距我们在塔尔库都克的营地约6英里，分布在一大片塔提之间。塔提的范围很大，在我们到达阿克库都克梯木之前，就已经在这片塔提之间穿行了。塔提构成了广大面积的遗物碎屑地面的一部分，一般被称作"杭桂塔提"。我从老向导吐尔迪那里得知，这塔提一直延伸到了阿克斯皮尔一带，我随后在

1908年3月对其所做的调查，还显示出它同乐也延续了很多。

我已了解到那构成我调查目标的遗址，其位置在一些狭窄的沙丘带顶端。这些沙丘带自杭桂塔提一带向南伸展，将杭桂与玉龙喀什河地区的耕作区分隔开了。1901年4月，我就听到人们把这个沙丘地带称作"阿尔喀里克"（意为后地）。但当我向西南行、穿过长约5英里的荒芜沙丘时，我才意识到若没有当地的专门向导，要寻找这个遗址会有多么困难。一片片的小裸地散落在沙脊之间，上面是陶器碎片。在我们左面，偏僻的小村庄杭桂的树林清楚地映入我们的眼帘。那时我们刚刚接近一大片遗物碎屑地的边缘，我们要去的遗址正在西南约0.25英里远的地方。

所谓的寺庙废址，肉孜曾将它描述为"布特哈那"，还有带给我的那些装饰泥塑残块，曾让我产生那么多的期待，而实际上在地面上却看不到任何建筑遗迹。不过在一座小沙丘附近（那座小沙丘很好找，我的向导们曾预先插了一根顶上缠着布条的木棍作为标志）还是发现了大量的泥塑残块，此外还有一些小的坐在莲花叶之中的泥塑佛像、花环的一部分、卷云和火焰图案以及其他一些泥塑残块（这些残块在特征与风格上，与我1901年在热瓦克遗址中发现的大型造像光环周围贴塑的拉毛泥塑装饰很类似）。我发现热瓦克遗址中的那些易碎的拉毛泥塑品，在这里被看似烧土的同类残块所代替，这事本身看起来就令人好奇。但是初看上去更令人惊奇的还在于它们与一个规范的塔提遗址的陶片共存在一起，在沙地表面尚未发现任何的诸如寺庙院墙之类的建筑遗迹。

像遍地的陶片一样，这些一度装饰在一座古寺墙壁上的泥塑碎片，现在则散落在被侵蚀过的光秃秃的松软的黄土地上。

由于缺乏任何地面现象，像我在丹丹乌里克以及其他先前探察过的遗址中所不得不做的那样，看起来在此地需要做一次系统的试掘，以进一步寻找物质性的遗迹。我身后跟着12个"寻宝人"，在烈日下拖着沉重的步伐前进，若用他们来完成这些工作尚显得不够。但为了不浪费时间，我让他们在沙丘的北脚下动手挖掘，那里散布有最大量的烧土物碎片。机会又一次地垂顾了我，在松散的沙子中仅下挖了2英尺，一堵很厚的红黏土墙就呈现了。只见在墙旁边有一层石膏地面，上面堆积着厚约2英尺的遗物碎屑层，更多的相同的泥塑碎片迅即层出不穷地出现了。这类发现物一直持续出土，直到夜幕降临之前我们找到墙壁，并确知这堵墙属于一座寺庙时为止。

墙壁很矮，光秃秃的，其外侧墙面已完全消失。显然，这座寺庙已全部失去了建筑特征。如果这里无法获得较大型的塑像或壁画（如热瓦克或丹丹乌里克遗址墙壁上保存良好的壁画），我们则还有其他一些补偿，即大量的装饰物细部，它们比较坚硬，很容易就保存了下来。在热瓦克，同样的泥塑装饰物是用未焙烧过的黏土来制作，它们非常脆弱，很多物品稍稍试着挪动一下就破碎了。

在一个最初看上去曾被推测很小的遗址中，还有另一个令人感到满意的结果来犒劳我那一天的试掘。我那些受过训练的发掘者一次次地注意到，在一些贴塑的泥塑碎片上面仍保存有少量的金箔或其他附着物，这无疑是大型墙壁装饰物曾贴过金的证据。首先，通过我眼前的发现物进一步证实了我先前形成的假说，即我对约特干遗址文化层中所淘出的金叶的解释。关于那些金箔，我曾经认识到它们即是早期中国记载中所提到的于阗人在佛教神圣建筑物上贴金的遗痕。但是约特干遗址并未提供一件来自建筑物上的鎏金物，这是因为在约特干那些用来做装饰材料的木头和草拌泥，在一种因灌溉而保持着湿气的土壤中，已经完全朽烂了。

我的营地建在一个小农庄里，靠近阿克库勒村附近的耕地边缘。一大早我们就从那里出发，一路向东行，沿途是高大荒芜的沙丘，以至于在走了约2英里之后抵达第一片田地时，我都感到很惊讶。次日早晨重返遗址时，我观察到原先为移动沙丘所占据的地方，现在正由于恢复耕种而把沙丘逐渐地向后推移。阿克库勒的土地被灌溉耕种仅是大约15年以前的事，我在这里看到的是一幅最好的进程图。那曾将杭桂和玉龙喀什河地域分隔开的沙化的废地，现在正逐渐地从沙漠中恢复过来。新兴建的灌溉渠带来了大量的水，浇灌着那些肥沃的土地。沿着农田的边缘，人们迅速种植了杨树、柳树和吉格达树。因此很容易就可以注意到，每年都有新的对沙地的侵蚀随着灌溉而向前推进着。它前面那条由泛滥的阿克库勒渠水哺育的芦苇和灌木丛带，正从东面快速逼近那些早期遗址区，那里遗有大量的陶片。难道那个时代即在人口增长与对土地的需求渐趋增长的压力之下，人们在被弃置为杭桂塔提的大部分土地上重新恢复绿洲，或者缓慢推进的干燥化可能会停止下来的时代已经到来了吗？

这一人类行为的推进情况倒是便宜了我，我很容易地在一夜之间就招集了一大群工人来发掘古代的建筑物。在近60人的努力下，不久（9月19日）我就发掘出一座寺庙的北墙部分，它的外侧长53英尺，附带着还有一条宽5.5英尺的走廊。从图76中可以看出，这条走廊像在丹丹乌里克的寺庙遗址中一样，必曾环绕着整个庙宇的四周。走廊外侧围墙亦是用夯土建成，厚3英尺，而走廊与庙宇内部之间的墙则厚2英尺。庙宇与走廊的西墙，自西北角起走了约42英尺的距离就停住，在那里与某些建筑物的泥土地面相遇了。这层地面高出走廊的地面约2英尺，可能是后期的建筑遗迹。9月20日，我清理了东面的走廊长约24英尺的一段范围。在那里我们停止了挖掘，原因是从周围的沙丘上不断地有沙子滑下来，蔓延到庙宇的大部分。这座沙丘的高度的确吓人，它会使整个发掘工作既艰难又费时。我觉得放弃这个既费时又费钱的活计是明智的，要想清理所有这些沙子就得有这样的花费。而从对庙宇西北角和东北角的清理上来看，那里的陶塑碎片数量相对少，而且在特征上与走廊里出土的大量陶塑也没有什么区别。

我们的清理首先是沿着北走廊（A.T.i）的中央部分进行，随后又趋向东和西角落部分（A.T.ii、iii）。迅速增加的发现物（小型烧土似的泥塑碎片）使得我能够明确地进行整体性的观察。首先，我能够使我自己确信，这些发现物不完全是一些大的光环上的装

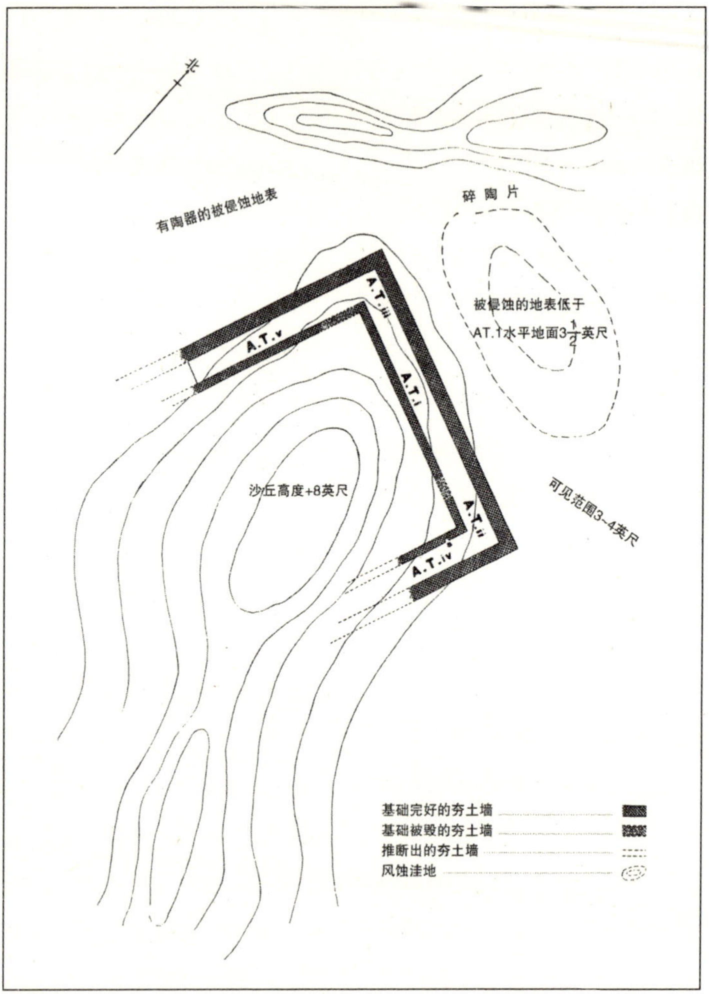

北
有陶器的被侵蚀地表
碎陶片
被侵蚀的地表低于
AT.1水平地面3$\frac{1}{2}$英尺
A.T.v
A.T.iii
A.T.i
A.T.ii
A.T.iv
沙丘高度+8英尺
可见范围3~4英尺
基础完好的夯土墙
基础被毁的夯土墙
推断出的夯土墙
风蚀洼地

图 76　和田杭桂的阿克铁热克附近佛殿殿遗迹平面图

饰物碎片，它们还包括（尽管数量很有限）一些其他附属物碎片，诸如手指、耳朵、鬈发等，它们曾属于真人大小的泥塑像。围廊的墙壁上也曾一定装饰有大型的塑像，这一点已被证实。但我在覆盖于原来地面以上约2.5英尺厚的遗物层之中还未发现这样的塑像。看起来明确一点的解释就是：它们原本是用脆弱的泥土制作而成，正像在约特干遗址的文化层中那样，它们都已经粉碎了，没留下一点痕迹。

但是问题也由此产生：为什么那些较小的碎片能逃脱了这一命运呢？这个问题引导我认识到，这座寺庙的完全倾颓发生在前，随后它又受到另一种毁灭性因素之助。在遗物碎屑层以及残垣断壁中，那种普遍存在的黏土的红颜色，被发现完全烧焦的木头碎片，某些泥塑碎片表面所显示出的明显被烧成琉璃的痕迹，以及其他一些明显的意外火灾的迹象，均使得下述判断变得确切起来：这寺庙最初曾遭受过一场大火灾。这样我们就容易理解，正是这场意外大火所产生的热力，赋予了这些墙壁上的小贴附泥塑碎块以烧土似的硬度和颜色，其他那些大型塑像上的附属物如手指、耳朵、头部装饰物等，亦属于此类情况。所有的材料原先都必定是同样的拉毛泥或者日晒黏土，像我在热瓦克遗址中发现的那些泥塑塑像之类。大火灾的热力并不很强烈，尚未足以持续渗透到大塑像的黏土块中。但对那些小的附属泥塑块和塑像的独立部分来讲，火焰却能够包围住它们，并产生一种烘烧的效应，从而将它们保护了下来。除了这些碎块，所有的塑像都因暴露在大气之下，而且随后又因为地面被平整可能用作耕地而带来的潮湿使之彻底颓毁了。

在寺庙最初被损毁与墙壁完全坍平之间曾有一定的间隔，这可以通过一层黄土状的土层得到证实。这土层厚1.5英尺，介于原始地面以上遗物层与第二个厚约6英寸的遗物层之间。第二遗物层接近现在的地面，内中包含有很多小泥塑碎块。中间的黄土层是粉细的河相沉积物堆积所致，这种堆积过程发生在塔里木盆地的所有绿洲之中，那里有足够的潮气来维持它们，而地平面也因此在逐渐增高。正是在这一层的顶上，当墙壁被推倒用来耕种或后来的建筑腾出空间之时，那些坚硬的泥塑碎块就垮塌在了那里。新的黄土层后来又覆盖在其上并保护了它们，直到耕种最终停止下来，地面被废弃变成沙丘为止。

在流动沙丘之间不间断地进行的风力侵蚀，现在又开始将裸露的黄土地面吹走，并将泥塑碎块的上层暴露出来。正是这种风力作用在这里做了初步的清理工作，并引导人们发现位于这些广大的塔提之中的废墟。这样的塔提遗址一般都有陶器及其他遗物的碎片，散落在远为后期形成的地面之上。即使在一个很小的观察范围之内，我也能找到风力的吹蚀痕迹。事实上，所有仍保存有贴金痕迹的那些塑像碎块，皆发现于屋子地面之上的遗物碎屑层中，而在那些出自上部地层的极大量的碎块之中，贴金的痕迹极为罕见，仅能在一些特别保存下来的塑像的皱褶及凹槽中看得到。其解释并不难找到，我们注意到这里时常吹拂着的微风，要吹落那些长期暴露在地面之上的贴金塑像上的薄金片会有多么的容易。毫无疑问，火与潮气的合成效应曾极大地削减了拉毛泥表层与贴金之间的黏合力。[1]

此外，这座废弃的寺庙必曾长时期遭受到不间断的盗掘破坏，这些盗掘活动威胁着这个地区所有靠近居住区的古遗迹。因此，我不敢去期待在曾经完全沦为沙漠的废墟中，能发现可测定时代的考古学证据。而对遗物层的一次认真寻找，则显示出不同的年代学方面的意义。从现在正讨论的泥塑的风格上来看，我得出的结论是：这座寺庙肯定与热瓦克佛塔大致同时代。这一结论还可以得到下述事实的证实：在这个遗址中发现的唯一的钱币，是一枚无铭文类型的铜钱，流通于西汉和东汉时期。这枚钱币发现于西围廊地面附近，靠近外侧围墙的底部，它可能原本就堆在那里，用作一种供奉物献在某塑像的底座下。遗址中缺乏任何晚期钱币这一否定性的证据，引起了我们的注意，因为它与周围塔提地区中所出土的大量的属于唐宋以及早期伊斯兰时期的钱币形成了鲜明的对比，而这些晚期钱币的存在表明该地面本身曾持续地被占据到一个很晚的时期。

---

1 我很遗憾在包装阿克铁热克遗址的发现物时，未充分注意到这一事实。当这些泥塑碎块被运抵伦敦打开包装之时，我那用作第一层包装物的棉花，由于过度的捆缚而与塑像表层的薄金片粘连在了一起。因此，关于发现的金片的数量，在下文叙录的介绍中无法推论出来。要减轻这一不幸，我能说的就是：我已经极不可能即席创作出一篇能消除这一不幸的文章了。

假设我们对阿克铁热克佛寺遗址的这一年代推测是正确的，在那里的发现——与约特干遗址文化层中出土者相似的、奇形怪状的真正烧土质的猴子塑像类型，就显示出了额外的趣味；因为它们提供了古代和田这一艺术分支的繁荣时代的初步的明确证据。在肉孜的人从这个遗址中搜集并带给我做标本的小遗物中，也有大量的这类型的陶塑像，其中有表现猴子的，也有表现骆驼的。据说它们采集自一处侵蚀地面，靠近所说的"布特哈那"。当我们在西围廊中发掘时，这一遗物的出处即被证实：在那里的下部遗物层中，发现了两件相对大型的猴子塑像，以及遗落在东围廊中的另一件塑像碎块。在同一层的出土物中，还发现有一些陶器碎片，上面装饰有锯齿纹和花彩纹，这也引起了我的兴趣。至于其他一些花纹陶片，也采集自寺庙附近的侵蚀地面，可能（至少一部分）也属于同一个时期。当然，在那些发现自塔提地表的小物件的情况下，像这一类的发现物的年代学证据从未具有过同样的确定性，原因是那地方的风力侵蚀可以将广泛的不同时期的遗物置于同一水平地面之上。

自寺庙遗物碎屑层中发现的泥塑碎块是那样的小（在热瓦克遗址僧院墙壁上仍保存在原位的泥塑装饰中，并未提供这方面的迹象），以致关于其原始特征及布局，尚难以形成任何充分一点的概念。而在热瓦克遗址的泥塑中，我们则可以相对容易地解释和区分这些肯定曾经被用作泥塑装饰物的小物件。这种相对容易性本身，我想即是我在上面提到的二者在风格上有密切联系的最好证据。不管在现场已作出的选择如何，被检查过的泥塑碎块的数量巨大，它要求我们更认真和更努力地去将它们进行系统的分组，并复原它们之中表现出来的所有装饰图案等。

我在这里应该对自己感到满意，对有助于认识在这遗址中所采用装饰的一般观念的泥塑的主要类型，作了简要的参考性说明。首先，根据那些经过了完全的大火之后更容易保存下来的，大量的耳、指、趾、鼻及身体的其他部位，我们可以有把握地得出的结论是：沿着内殿和围廊的墙壁，必曾排列有浮雕状的佛陀与菩萨的塑像，就像我在热瓦克遗址僧院里拍摄到的照片中所显示的那样。在大量的衣饰碎块中，也有它们的遗存。围廊中没有一件看上去超过真人大小的塑像，那是由于那地方所能提供的相对狭小的空间所致，而在内殿情况则不同了。我倾向于认为，在我们清理的角落里缺乏泥塑发现物的原因，可能是由于流行大型塑像所致。因为对大型塑像来说，它们受到的大火灾的影响要小得多，因此黏土团后来全面颓毁了。

围廊里的塑像必曾被一些精心制作的泥塑花蕾或光环一类的装饰物所围绕，这一点可通过大量的细部装饰物来加以证明。它们的形状以及热瓦克遗址的例子表明，它们属于这一类型的装饰物。大量的莲花瓣边碎块、卷云以及更常见的成排的火焰，皆可被认作是不同规格的光环。在热瓦克僧院的例子中，也发现有这一类的小佛像光环，上面是各种图案的饰板，诸如植物花纹、传统的装饰物或小佛像之类。在阿克铁热克遗址的泥塑碎块中，有

图 77　泥浮雕残片

很多这类饰板。在它们之中，还可常见到带鸢尾花形装饰物的金刚像，正像在热瓦克遗址中那样。极常见的是一些坐于莲花蕾中的佛像周围的小饰板（图77），在热瓦克遗址的墙壁上，也可清楚地看出它们的布局法。这些光环及其装饰物的每一方面（从主题到风格），都反映出这两个遗址之间存在着最密切的联系，以及起源上的大致同时代性。

　　我现在还不能确定的是，那种较大型的贴塑性的坐佛像（图78）也是被用作装饰性的光环，还是有一个独立的地位。同样不能确定的还有，那些偶尔发现的共存的女性塑像或保存下来头部的神灵像，其位置应当在何处。甚至在墙壁装饰中，那种奇形怪状的动物像好像也占有一个位子。小型贴塑物件的数量非常巨大，或许值得注意的是一些甚至相反的证据——由缺乏某些图案所提供的证据。在这种状况下我能够指出的是，阿克铁热克的搜集品中没有一件飞天或乾闼婆的标本，也没有一件小型立佛的标本。而从丹丹乌里克、喀达里克、喀拉央塔克、法哈德伯克等遗址中来看，这些图像看起来都曾经是唐代这地区寺庙装饰塑像中最惹人喜爱的题材。从装饰图案的风格上来看，一方面是这些唐代寺院组，另一方面是热瓦克和阿克铁热克组，二者之间可以找到明显的差别。在前者中，有某些图案表现出一种明显是更华丽的风格，而另外一些图案如鸢尾花形金刚，则完全不见这种东西。但对这些变化的详细研究，需留待将来的研究者。是否存在着一种相应的发展，现在尚无法作判断。因为像在热瓦克遗址中那样，在阿克铁热克寺庙遗址的墙壁上仅保存下少量的壁画痕迹。

关于阿克铁热克遗址中保存下来的建筑遗迹及装饰物，其特征可以被看作是该地区及该时代佛教寺院中的典型，这一点被我在9月19日对我的向导们称作"小布特哈那"的遗址的造访所证实。我们向西—南西方向走了约2英里，地面上交替出现着低矮的沙丘和广泛分布的塔提，它们一直延续到曾赋予整个遗址以名称的阿克铁热克村庄的树林从南面清楚地进入我们的视野时为止。在那里一块没有沙丘的平坦地面上，散布着遗物的碎屑，我的向导

图 78　泥浮雕残片

们称之为斯也里克。我发现了一座小型的呈四边形的佛寺遗迹的轮廓，已经完全暴露了出来，我从地表上可以很清楚地辨认出其黏土墙壁的痕迹，墙壁几乎已被其周围的侵蚀黄土填平。内殿墙内侧长25英尺，宽23英尺。沿着其四边还有一道长约6英尺、宽9英寸的外侧围廊，其痕迹可以通过其灰泥地面而辨认出来。内殿中央曾有一个基座，约9英尺见方，拉毛泥做的墙壁表面现已倾颓成脆酥的泥土，但是现在保存下来的还有约6英寸高。像在安迪尔的寺庙中发现的基座一样，这里的基座也曾经被用作支持某种大型的拉毛泥塑像。

在地面上尤其是靠近内殿南墙一带采集到的贴塑用的拉毛泥塑碎块，在风格与材料上极类似于更大型的寺庙墙壁上所装饰者。有一些出自庙宇东北角附近，我把那里的内殿内侧部分做了清理，一直到原始地面部分，实际上也不过在现在的碎屑层地面以下1.5英尺的地方。其中某些装饰物碎块，与阿克铁热克遗址中发现的相应的用作贴塑物的小坐佛塑像等残块，几乎像是用同样的模子制出来的。极有可能有一个统一的范本，用来做这些模子。此外，还发现了一些较大佛像的头部，在类型上非常接近阿克铁热克的同类物。

斯也里克的这些塑像碎块也很坚硬，无疑也是意外的火灾所致，就像在那些较为大型的寺庙中所发生过的那样。而且有大量的迹象表明，废弃后的这座寺庙遗址及其附近地面，曾遭受了一连串同样的物理变化。庙宇中的泥土和土坯碎块层中遍布大量的植物根系和植物纤维管形物痕迹表明，这遗址曾被埋藏在一个逐渐累积的耕土层之下。那时曾经立于地面之上的墙壁被人推倒了，而所有那些可能还有用的东西，如木头架子等都被人们取走了。在遗址区的耕种被废弃后，风力侵蚀必曾持续了一个很长的时期。有一些小黄土台子，高约6英尺，顶上一般都散布有大型的陶片（无疑正是这些陶片保护了这些台子），使它们像地质学的目击者一样，站在很靠近寺庙的塔提地面之上。它们标示出了因风力及流沙的侵蚀作用而缩小了的地面范围。

显然，由于这种侵蚀作用，在遗址地面上所发现的陶片，其中既有我在斯也里克采集到的标本，也有在返回阿克铁热克遗址的路上所采集的，可能属于非常不同的时期。其中有很多可能是早期伊斯兰时期的陶片，因为在我的向导们从整个阿克铁热克遗址（包括斯也里克遗址）为我搜集到的钱币中，有大量的当地制造的伊斯兰教钱币以及宋代的铜钱。这一推测尤其可以得到细釉陶器碎片的印证，它们呈各种各样的绿和蓝色，大量地散布于某些地表之上。

废寺周围的陶片中还混有一些人骨，由此看来这些现已被风力吹走的土层之中，过去曾埋葬过死人。我作这一推论看上去是有道理的：在伊斯兰教传入之后，这地方曾被建成一座墓地，因为这个曾被一座佛寺所占据的遗址，后来又持续地被当地人作为一座麻扎来崇拜。此外，在阿克铁热克遗址较大型寺庙附近，我还注意到在沙丘之间有大块的侵蚀地面，上面散布着厚厚的人骨，这一现象可提供同样的解释。最后，为判定像在丹丹乌里克、喀达里克和尼雅等遗址中所发生的侵蚀的速率，从而比较明确地确定遗址废弃的年代，我能指出的是，在阿克铁热克和斯也里克遗址中观察到的那种目击者的最大高度，表明的是人们在这些遗址中的耕种，一直持续到伊斯兰教传入之后若干世纪才结束。

除了上述废寺遗迹，向导们所能够指示给我看的斯也里克的唯一建筑遗迹，就是两座小梯木遗迹。这两座小梯木遗迹都是倾颓严重的土墩，表明曾是窣堵波之所在。一座位于废寺以南约0.25英里处，只保存了最底部的基座部分，还有上一层的方形基座的一部分。在南面还可以看到一级逐渐上升的台阶，底部宽8英尺。第二座窣堵波土墩在上一座窣堵波以东，二者相距约0.25英里。这后一座窣堵波要较小一些，也倾颓得更严重，可以看出其地面之上的基座仅有8英尺8英寸见方，最底部基座高3英尺，上面部分均已完全颓毁。

我在阿克铁热克遗址所做的为时三天的调查，收获不仅仅是一些考古学遗物，它还启迪了我的思维，在这些广阔的塔提之下，可能还埋藏着一些遗迹。风力侵蚀作用塑造了这个地区的基本地貌，流动的沙丘和裸露的黄土地从东向西连成了一条线，长逾12英里，它必定埋藏着比"寻宝人"——我的向导们所知道的更多的古迹。去推测它们之中可能代表的连续的时期也许是无用的。然而，侵蚀作用的过程则很明确，它很可能会揭示出远较最后一次占据终止时所留下的更为古老的遗存。谁能够说出在这块土地上以前曾上演过多少幕灌溉与沙漠化之间的斗争剧，或者再有多长时间新一轮的灌溉的肥沃农田，会再一次将现在这赤裸裸的风蚀遗物层埋藏起来呢？